神田明神 監修

日本人入門

海外と向き合うビジネスパーソンに向けて

すべての人の夢を叶えるために

平成22年6月10日、恋愛をはじめ様々な悩みを抱えている若い女性を対象に、神社参拝と神職の講話、そして角本紗緒理さんの心育啓発セミナー、さらに美味しいスイーツを楽しみながら懇談するという、これまでにない新しいコンセプトの夢叶参拝の第一回目が神田明神で、スタートしました。

現在は夢や希望をお持ちのすべての人々を対象に開催していますが、これまでに累計千名以上の参加者の皆さまの好評を頂戴してきました。

これも偏に、夢叶参拝実行委員会を主催する小倉実代表の「すべての人の夢を叶えたい」という終始変わらぬご熱意とサポートスタッフ各位の深いご理解とご協力の賜物と心から深い敬意を表します。

夢叶参拝という人の心に寄り添う企画から生まれた本書は、これから海外に雄飛しようと志すビジネスパーソンにとって日本とは何かを問い直しながら日本人としての誇りと自信を与えてくれる好著に仕上がりました。一人でも多くの人に読んでいただき、一人でも多くの人の夢を叶える手助けになることができれば幸いです。

神田神社　清水祥彦

まえがき

海外のビジネスパーソンと懇談している時、日本の説明に困ったことはありませんか？

○　○　○

本書は、東京都千代田区にあります神田明神と定期的に開催している「夢叶参拝」という催しのなかで、清水祥彦権宮司にお話しいただいた講話「神社と神道を知る－現代につながる神道の本質」の内容に私自身が非常に感銘を受けたことがきっかけで生まれました。

多くの日本人にとって神道は、神社やお祭り、節分、正月の初詣や仕事始めの参拝などにより日ごろから生活に組み込まれていると思いますが、この講話を聞かれた多くの方々からは、「日本人のルーツであり、日本人のアイデンティティーである神道の素晴らしさと奥深さをあらためて認識した」というご意見とともに、「日本人に生まれて良かった」「日本がますます好きになった」という感想もいただいています。

神道に対してはこれまで戦前・戦中の国家神道への反省から教育面などでも距離が置か

れてきましたが、本来の神社神道と呼ぶべき神道は、古来、周囲と協調し平和を尊ぶ精神性に満ちあふれています。

本書は、夢叶参拝で話していただいた内容をもとに、あらためて清水権宮司と意見交換させていただき、また他の文献も参考にしながら、本来の神道との関わりを中心に、海外と日ごろ向き合っているビジネスパーソンに向けて極力、日本人として知っておくべきと思われる基礎的な知識・知見をまとめてみました。

具体的には

・右肩上がりの成長よりも永続性を求める老舗が圧倒的に多い日本
・(木や石にも神様がいるという考え方の)アニミズムとハイテクが共存している唯一の国、日本
・(聖書やコーランのような)経典が存在せず、布教もしないが故に敵をつくらず、環境変化に柔軟に対応してきた日本
・独裁を嫌い、権威(天皇)と権力(幕府など)を分離した知恵によって、比較的安定した政権交代と文化の継承を実現してきた日本

・外国人が日本のサブカルチャーに憧れ、共感する理由
・企業の求める連帯感や帰属意識を支える神社（祭り）の役割
・（唯一絶対神と八百万《やおよろず》の神の対比において）神道が世界平和に貢献できる理由

などなど、多面的な視点で神道の本質を理解していただけるよう、神道の世界観をまとめてあります。

また、第七章には、全国の神社で毎年6月30日と12月31日に行われる大祓《おおはらえ》の祝詞《のりと》も、現代語訳とともに載せてあります。

○　○　○

本書は少し大げさなタイトルで恐縮ですが、日本人としての自信と自覚をもって日本を説明し、海外と向き合っていける――そんな一助になれば幸いです。

夢叶参拝実行委員長　小倉 実

目次

第一章 ● 老舗を支える神道の精神性

世界に突出している老舗大国、日本

ビジネスと神社の関係は、正月の仕事始めに神社にお参りしてお札をいただき、社員の安全と商売繁盛を祈念する、という印象を一番にもっている方も多いと思います。それはそれで、日本の風習としてよく見かける光景ですが、実は、日本のビジネスと神道には深い関わりがあります。

それを説明する前にひとつ質問させてください。

あなたの所属する企業は、「常に右肩上がりの利益を追求する企業」でいてほしいでしょうか？

それとも「永続的に存続する企業」でいてほしいでしょうか？

新聞紙上でもよく企業評価として、前期比○％アップなどの表現が目につきますが、有限の市場のなかで、永遠に利益を向上し続けることが不可能なことは自明だと思います。

もし「永続的に存続する企業」を望むなら、実は日本には、既に「老舗」と呼ばれる世界に冠たる企業群が存在しています。そして、それは、神道の理念を体現している存在と言われています。

「神道」というと、最初にどんなことをイメージされるでしょうか。

宗教、神社、八百万《やおよろず》の神々、お守り、神棚、お神酒……。いろいろなものがありますが、どれも〝経営〟とは縁遠い印象があります。でも実は、神道はビジネスの世界において非常に大きな影響を及ぼしていて、その最たるものが「老舗」なのです。

近年は、老舗の研究も進み、メディアでも老舗のタフでしなやかなビジネスモデルが何度も取り上げられています。

この「老舗」と「神道（あるいは神社）」を見比べると、いくつかの共通点が見出せます。たとえば、継続してきた歳月の長さもその一つです。日本にある神社の数はおよそ8万社、そのなかでも1000年超えの社が珍しくありません。本書執筆のきっかけをいただいた神田明神も、1300年の歴史があります。

もちろん、「老舗」も負けてはいません。そもそも老舗とは、「似せてする」「真似る」

という意味の「しにせる」という言葉に由来し、伝統や格式のある店のことを指すとされています。一般的には、創業100年以上の企業を指すことが多いようです。

調査元や調査時期で若干異なりますが、概ね日本の老舗は創業100年以上で27000社、200年以上は1200社、300年以上でも600社以上あるとされています。

海外に目を向けて見ると、これも文献によって若干異なりますが、世界の200年以上の老舗の数の割合は、トップの日本が40％超、二位のドイツが20％超、三位のフランスで5％程度だそうです。同じアジアでも、中国で1％未満、韓国には200年以上の企業はないそうですから、日本は、世界的にも突出した老舗大国と言えます。

ちなみに、日本には世界最古の会社としてギネスに認定された会社が今も存続しています。聖徳太子の御代である578年に創業した建設会社「金剛組」は、日本初の官寺である四天王寺を建てるために百済から渡来した工匠たちの一人が創業し、大阪冬の陣などで焼失した寺の再建などに尽力しました。実に、今日に至るまで1400年の長きにわたって宮大工の伝統を絶やすことなく伝え続けてきたことになります。
このほかにも、長い歳月を経て、今、私たちの生活の一部となっている老舗は枚挙に暇がありません。三越、松坂屋は300年を超えていますし、飲食産業で広く知られるファストフード、吉野家も創業100年以上の老舗です。

では、日本にこれほど多くの老舗が存続できた理由は何でしょうか？
そして神道とどのような関わりがあるのでしょうか？

多くの老舗が存続できた理由

よく言われるのは、異民族との戦争が少なかったということです。異民族の王にとっては、過去の王朝の遺物を残さないことが支配の証。かつてのローマやゲルマンにも神々が鎮まる豊かな森と信仰がありましたが、いずれも異民族の支配者たちによって排斥され、わずかな残滓《ざんし》が神話に残るのみとなりました。

その点、日本は大陸の戦乱に比べれば平和でした。『日本人とユダヤ人』（イザヤ・ベンダサン著）のパレスチナに関する記述を読むと

「昔から『陸橋』といわれたこの地は、常に戦場であった。チグリスの巨人は北から攻め下り、ナイルの巨人は南から攻め上った。海の民は海岸に進攻し、あるいは海岸沿いにエジプトに進み、一方ヨルダンの彼方からは絶えず遊牧民がなだれ込んだ。」

これが４０００年にわたって間断なく続いたと言いますから、異民族の侵攻を数えるほどしか受けていない日本は幸運です。

また、国内でみても、神話（国造り）につながる神聖な権威（天皇）と権力（幕府など）を分離した二重構造を維持してきたことが幸運でした。革命による権力交代が起きても、権威である天皇制は維持され、天皇から承認される形をとることで、中国や欧州に比べれば、旧体制や秩序が破壊されることなしに、比較的平和裏に政権が移行できました。

これは、異民族同士の衝突が多い大陸では成しえなかった発明であり、日本を特徴づけている知恵だと言われています。

家訓という老舗のコア

ほとんどの老舗には、先祖代々の「家訓」が存在します。家訓とは、「我が一族はこうあるべき」という信念やポリシーをしたためたものを指しています。

現代風に言えば「経営理念」というところですが、家訓には、「質素に生きよ」「倹約せよ」「正直であれ」「火の用心に努めよ」など具体的な内容を口語体で諭すように記したものが多かったようです。

有名なところでは、売り手、買い手、世間が同じように幸せになる商売を進めていけば自ずと儲かるものだ、とする「三方よし」も近江商人の家訓です。ほかにも、「奢者必不久」などの戒めや実現したい未来を突き詰めていけば利益は自然とついてくる、というような表現が多々見られます。

社会教育家・田中真澄氏は、著書「百年以上続いている会社はどこが違うのか?」の中で、老舗が大切にしてきた徳目を次のように挙げています。

一．勤勉
二．正直
三．感謝
四．堪忍（辛抱）
五．倹約

そしてこれらを実行するための基本的な生き方として、「小欲知足」を挙げています。なんとも慎み深い徳目ですが、神話にも同じ教えが見られます。

慎《つつし》みて怠《おこた》ること莫《なか》れ

これは、おのが身をわきまえ、分限を知りなさいという意味の「知足《ちそく》」にも通じる概念でしょう。「自分の限界や立ち位置をきちんと認識した上で行動しなさい」という教えが神道にはあります。

また、後述しますが、神道の本質として、本書では、「敬神崇祖《けいしんすうそ》」「浄明正直《じょうめいしょうじき》」「共生」

「言挙《ことあ》げせじ」の４つを説明していますが、伝統を重んじ、清らかな心で周囲と共生しながら生きていくことは、老舗が家訓を作る上でベースとなっているように思えます。

環境変化への柔軟な対応

神道の４つの本質の一つ「言挙《ことあ》げせじ」は、いたずらに自己主張せず、謙虚に環境変化に対応していく生き方を示唆しています。

老舗も、硬く保守的で、伝統にとらわれているようでは生き残れません。

有名な和菓子の老舗である虎屋は室町時代後期に京都で創業されましたが、東京ミッドタウンやパリなど、トレンドの最先端に店を構えて率先して時代を牽引しています。

一見、伝統と矛盾するようにも思える虎屋の挑戦ですが、武田斉紀氏の著書「行きたくなる会社のつくり方」の中では、十七代目当主の言葉を引用して、虎屋の強さの秘密を次のように紹介しています。

「虎屋にとっての自己実現とは、『あらゆる意味で高級和菓子専門店であり続けること』。このことは変わらず受け継がれているが、その実現方法については、引き継いだ当主が時代に合わせて考えていけばよいとされている。」

時代に応じてフレキシブルに変化していくために、大切なコアをしっかり守り、あとは自由に挑戦していく、これが虎屋の教えでした。

そして、この例は虎屋に限りません。いずれの老舗も、激変する時代の大波をくぐり抜けるためには、かたくなに細かい原理原則をいくら定めてみたところで前には進めないことを認識し、過去の伝統にしがみつくのではなく、守るべきコアを定め、それ以外の部分を柔軟に変える戦略をとってきたのです。

次世代型ビジネスに向けて

二十世紀は、消費者にモノを大量に安く供給することによって豊かになることを目指した「近代工業社会」の時代でした。いま、先進国が直面している「ポスト近代工業社会」

では「モノやお金そのものの価値」から「目に見えないけれど本物の価値」へ移行が始まっていると言われています。

それは、お金や物に溢れても得られなかった、人間としての幸せや豊かさ、満足感のことなのかも知れません。

企業の間でも今後は「CSR」から「CSQ」へ移行しつつあると言われています。「CSR」はご存じの方も多いと思いますが、Corporate Social Responsibility の略で、企業の社会的責任、つまり、〝法令遵守（compliance）〟と〝企業統治（governance）〟を基本とする理念です。これは企業が社会で存続を許されるために、最低限備えておかなければならないラインになります。

これを前提として、さらに一歩進めたものがCSQ（Corporate Social Quality）で、企業の社会的品格、と訳されています。

つまり、利益のみを追求する時代は終わり、地域・社会や従業員などを含めたすべての人に貢献する経営を志向しなければ生き残れない時代が始まろうとしています。

奇しくも日本の老舗は、古くからその経営手法を踏襲してきました。そして、その源にあるのは、日本人の精神性、すなわち本書で述べる「神道」の精神です。古代日本人から受け継いできた伝統には、二十一世紀型のビジネスに活きる知恵がたくさんつまっているように見えます。

第二章では、私たちの遺伝子に刻まれている神道の真髄を、より深く探ってみることにします。

第二章 ● 神道誕生の背景

「日本人は無宗教」は本当か？

初詣やお宮参り、七五三などでは神社にお参りし、人が亡くなればお寺でお葬式をする。また、ハロウィンやクリスマス、バレンタインデーもイベントとして大いに楽しむ。こうした習慣が海外の人の目には節操なく映るのか、「日本は無宗教の国」といわれることが珍しくありません。

実際、「自分は無宗教だ」と思っている方も多く、いろいろなメディアの調査でも、ほとんどが次の結果になっています。

宗教を信じる　20～40％
宗教を信じない　60～80％

つまり、日本人は宗教をもっていない、と考える人が圧倒的に多いことがわかります。

では、そもそも宗教とは何でしょうか？

宗教を広く捉える時、大きく「創唱宗教／自然宗教」の二つに分けられます。

「創唱宗教」……教祖がいて、教義、教団の3つから成り立つもの。

釈迦による仏教、イエスによるキリスト教、ムハンマドによるイスラム教などが当たる。

「自然宗教」……誰かが唱えたのではなく、自然に発生したもの。

自然への敬虔な気持ちをもち、先祖を大切にするのが特徴で世界各地に存在する。日本の神道もこれに属している。

欧米の文明が世界をリードしていた時期、欧米を中心に創唱宗教こそが優越した宗教であり、自然宗教を未開の国の原始的宗教とみなす風潮がありました。日本でも長い間、欧米文化に憧れるなかで、〝宗教をもたない〟ことに引け目を感じていたように思います。しかし、次に挙げる事柄は、一般に仏教行事と思われているものもありますが、実はすべて神道的な文化に由来する年中行事なのです。

初詣、節分、桃の節句、端午の節句、山開き
海開き、秋祭り　お彼岸　お盆、精霊《しょうろう》流し、送り火　など

いずれも、おなじみの行事ですね。つまり、日本人は宗教をもたないのではなく、「創唱宗教」にピンと来ていないだけなのです。

「自然宗教」に関することなら、日頃からお守りを持ち歩き、家を建てるときは地鎮祭を行い、神社で行われる年に一度の祭りを心待ちにするなど、非常に豊かな信仰心をもっているのです。

森から生まれた多神教国家、ニッポン

また、宗教は、「一神教／多神教」という分け方もできます。

「一神教」……世界で唯一の神を信仰する宗教。
「多神教」……複数の神を崇拝する宗教。

「一神教」は、ご存じのとおり、キリスト教、ユダヤ教、イスラム教などが当てはまります。対する「多神教」は、かつての古代エジプト、メソポタミア、ギリシャ、中南米のメソアメリカ文明（マヤ、アステカなど）やアンデス文明などで信仰されていました。現存するところでは、八百万《やおよろず》の神様を擁する日本の神道、インドのヒンズー教などがあります。
また、その発生する環境から、「一神教」は〝砂漠の宗教〟、「多神教」は〝森の宗教〟

と称されます。まさに、日本は国土面積の70％近くが森に覆われた世界有数の森林国。美しい水が流れ、たくさんの生物が息づく豊饒な森の中で、誰が語りだすでもなく、ふと生まれ、受け継がれてきたのが日本の多神教です。

日本において宗教らしきものが生まれたのは先土器時代とされますが、この時代の人々の詳しい暮らしや宗教観についてはほとんどわかっていません。土器や遺跡が出土している縄文時代以降になってようやく推測が可能になり、『縄文の地霊―死と再生の時空』（著・西宮紘氏）には、縄文人の能力に関する興味深い記述があります。

「もしかすると日本の精神史の中でもっとも豊かな時代を生きてきたのが縄文人ではないだろうか。（中略）語り、祈り、霊力全てが彼らのコミュニケーションの道具であった。彼らの日常生活は人だけでなく異類との会話に満ち溢れていた。いってみれば、あ、うんの呼吸という以心伝心の世界が全集団の成員に拡がっていたのである」

〝感じる〟力に優れた私たちの祖先は、暗く美しくにぎやかで、かつ獰《どう》猛な森の中に、たくさんの神の姿を見出しました。

古代人の3つの信仰―アニミズム・シャーマニズム・祖先崇拝

縄文、弥生の森に生きた古代日本人にとって、原始の自然は豊かな恵みを与えてくれる存在であると同時に、しばしば牙を剝《む》く恐ろしい存在でした。イメージするなら、樹齢1000年以上の太古の森が広がる屋久島を舞台にしたジブリ映画『もののけ姫』の森に近いのかもしれません。

「自然界には人知の及ばぬ畏怖すべきもの、尊いものが満ちている」という意識から生まれたとされるのが、生物や無機物を問わずあらゆるもの、つまり木や石にも魂（アニマ）が宿ると考える多神教の一つ、「アニミズム」です。

この言葉自体は、イギリスの人類学者、E・B・タイラーが、19世紀後半に記した『原始文化』の中で使用したことから広く定着したもので、日本の文化にもちろんアニミズムが色濃く残っています。

過去の偉人たちは、神様についてこんな言葉を残しました。

なにごとの　おはしますかは　知らねども
かたじけなさに 涙こぼるる　（西行法師）

尋常《よのつね》ならず すぐれたる徳《こと》のありて、
可畏《かしこ》き物を　迦微《かみ》とは云うなり　（本居宣長『古事記伝』）

本居宣長は「神」に「迦微」と珍しい字をあてていますが、これはただの万葉仮名。日本における神の語源は、「隠れ身」です。神様とは、居ながらにして隠れている奥ゆかしい存在であり、目に見えない精神的な存在、霊的な存在はすべて神でした。その性質は、一神教の唯一絶対の神である「God」とは大きく異なります。

神田明神 清水権宮司は、訳するなら「Noble Spirit（高貴な霊）」、「divine Being（神聖な存在）」、あるいは率直に「Kami（カミ）」とするべき、と述べています。

目に見えぬ力を振るうのが神であるゆえに、日本では火や雷、風など、自然のエネルギーも神とみなされました。日本列島を襲う台風や地震、噴火、洪水といった災害は、たびたびやってはくるものの、一過性であることから古代人たちはこれを一時的な〝神の怒り〟と考えました。そして、人に禍をなさぬように崇め、祀ってきたのです。

同時に、尊いものが一つではなく、いくつでも同時に存在するという考え方は、「あれもよい、これもよい」という多元的な価値観へとつながっていきました。

さらに、脅威を含みつつも恵み深い「自然」といかに付き合うか？　生き延びるために連携せざるを得ない「人」とのつながりをいかに作るか？　そうした思考を突き詰めた結果、いずれとも協調しながら生きる「共生」の価値観が生まれたと考えられます。

自分のことよりも相手のことをまず慮《おもんぱか》る日本人の生き方は、古代からすでに確立していたと思われます。

さて、そんな彼らのうちでもひときわ感覚が鋭く、アニミズムで見出した神と対話する役割を担ったのが「シャーマン（祈祷師）」と呼ばれる人たちでした。シャーマンの能力によって成り立つ宗教を「シャーマニズム」といい、邪馬台国を治めた女王・卑弥呼もシャーマンの一人でした。

彼女は巫女《みこ》の原型とも言われていますが、現代でも多くの女性が占いやパワースポットを好みますので、神秘的なものをキャッチするセンサーは、今も昔も、女性のほうが敏感なようです。


そういえば、海外では男性神であることが多い「最高神」の役割も、日本では女性神である天照大神《あまてらすおおみかみ》が務めます。理由にはいくつかの説がありますが、面白いのは「母系社会の伝統」とする説です。

鎌倉時代以前の日本は、母方の血筋によって血縁が集まる「母系制」であり、母方の財産を相続したり、結婚後の夫婦が妻方の共同体に居住したりする制度を採用していました。これは農耕社会によく見られるスタイルで、多くの家庭で奥さんが家計を管理しているのは、この母系社会の名残と言われています。

また、結婚すると男性の名字に変わる女性が多いため、一見父系制に見えますが、一歩家庭に入ってみると実際に君臨している、いわゆるカカア天下の家が多いのは、海外ではまず見られないスタイルだそうです。そして、妻のことを〝カミさん〟とも言うのは、将軍や天皇に対して使った「上様」から来たとするもの、山の神から来たとするものなど、多くの説が存在するようです。

さて、話を元に戻します。縄文の森に生きた人々は、死ぬと肉体の抜け殻が残り、魂は隠れる、つまり、神になって家族を見守ると考えていました。目に見えない存在を感じとるアニミズムの延長線上にある祖霊信仰です。

弥生時代に入ると、各地で稲作が始まり、農地を開墾して田畑を残してくれた先祖に対する感謝の気持ちと畏敬の念がますます強まっていきました。この思想が、ゆくゆくは神と祖先を敬うことを教える神道の敬神崇祖《けいしんすうそ》のルーツになっていきます。日本人にとって、「祖先崇拝」こそが最も大切な宗教的基層文化でした。

【古代人の3つの信仰】

・アニミズム…………生物だけでなく、広く自然界にも魂が宿るとする考え方

・シャーマニズム……神や霊魂など超自然的存在と直接交流できるシャーマンを中心に形成される宗教形態
・祖先崇拝…………祖先を大事にする考え方

日本独自の信仰文化「神道」の誕生

古代人の主な信仰である「アニミズム」、「シャーマニズム」、「祖先崇拝」が基になって誕生したのが「神道」です。

欧米がそろって「創唱宗教」かつ「一神教」であるキリスト教を採り入れているのに対し、日本は先進国で唯一の「自然宗教」かつ「多神教」の国家です。アインシュタインやジョン・レノンが驚き、愛してやまなかった日本の特殊性は神道の精神に由来するものといっても過言ではありません。

文献に「神道」なる語が登場したのは、『日本書紀』の用明天皇紀の中ですが、この時、

「神道」の文字が使われたのは、外来の信仰である「仏教」とは違う「日本古来の信仰」を表すためでした。

神道には、教義や教典がなく、守るべきとされる戒律もなく、「自然や祖先を敬いながら、円満な社会を築くための宗教」というコアだけを守り、あとは良心にゆだねるという非常にフレキシブルな信仰を基本にしています。

家訓を守り、変化を恐れなかった老舗に影響を与えた神道は、同様に、古代人から受け継いだコアを守ることのみに集中し、あとのことは柔軟に、時代や環境に合わせて形を変えながら存続してきた様子が伺えます。

その結果、神道には時代によって仏教や儒教、修験道などの要素が加わり、さまざまなタイプが生まれました。神社を中心にして組織化された「神社神道」、天理教や金光教などの「教派神道」、山の神、田の神、道祖神などを信仰する「民俗神道」などです。

神社自体も、時代とともに大きな変化を遂げてきました。

本来は個人の祈願の場所ではなく、共同体の安寧《あんねい》を祈る場所でした。神社に神主という職業的宗教家が常駐するようになったのも明治時代以降の比較的新しい時代の体制です。本来は「頭屋制」という村の指導者による輪番制で祭礼や神事を担い、祭りも本来は、地域社会と地縁、血縁などで関わりのある構成員のみで執り行っていた儀礼でした。

神道に宣教（布教）活動がないのは、本来、神道は共同体を対象とした共通の知恵だったことから、自分たちの考え方を他の地域に広げて勢力を拡大しよう、という動機付けがそもそも存在しなかったためでしょう。

これもまた、キリスト教やイスラム教のように、砂漠の厳しい環境の中で生き残るための知恵として生まれた宗教と、緑豊かな自然のなかで生まれた神道との本質的な違いの一つと思われます。

我々の祖先は、目に見えないものへの畏敬の念をもち、自らを律しながら、日本の美点といえる奥ゆかしさ、慎み、思いやりなどの精神を育んできました。

第三章では、古代人の思想から進化した神道の本質を、より深く探っていきます。

第三章 ● 神道の〝4つの本質〟

神道の本質と言うと視点の違いによって様々な意見や定義があると思いますが、本書では、清水権宮司にまとめていただいた内容で記述しています。

前章でも若干触れましたが、神道の本質がわかりやすく理解できると思います。

「敬神崇祖《けいしんすうそ》」神や祖先とのつながりを絶えず感じる

教義より実践、理論より感性を重視する〝神道〟は、ゆえに〝感じる宗教〟ともいわれます。

・万物に魂や神が宿る「アニミズム」

・祖先を敬う「祖先崇拝」

この2つに基づいて生まれたのが、神道の教えの一つ「敬神崇祖《けいしんすうそ》」です。

これは文字通り、神を敬い、祖先を崇めるという考え方で、前述したように仏教の行事と思われがちなお盆やお彼岸も、元々は神道の先祖供養から生まれたものと言われています。

日本にいると、祖先の残した痕跡をあちこちで見ることができます。とくに神道の分野においては、祖先の息遣いを今なおそっくり感じられる工夫が数多く残されています。

たとえば、「伊勢神宮」もその一つです。

ここでは毎朝、神職さんが古代さながらの臼と杵をこすり合わせて神聖な火を起こし、神様にささげるお米を蒸し上げています。拝礼も、玉砂利の上に両膝をついてうずくまり、なるべく小さくなるように頭を下げる、「蹲踞《そんきょ》」なる古《いにしえ》の作法を続けています。

これは、この伊勢神宮を創設したと言われている垂仁天皇《すいにんてんのう》の皇女・倭姫命《やまとひめのみこと》が残した、万事を根源に帰しみる教えに基づくものと言われています。

黒心《きたなきこころ》なくして、丹心《あかきこころ》をもちて、
清く潔く斎《ゆまわ》り慎しみ、
左の物を右に移さず、右の物を左に移さずして、
左を左とし右を右とし、左に帰り右に回る事も、
万事違う事なくして、大神に仕え奉る。
元《はじめ》を元とし、本《もと》を本とする故なり。

これは「元々本々《げんげんぽんぽん》」として古くから神道に伝わっている言葉です。ビジネスの分野においても、二代目社長が会社を倒産させてしまう例があるように、創業者の苦労を知らず、生まれながらにして手に入れていた豊かさに胡坐《あぐら》をかけば、ゆくゆくは破滅へとつながります。だからこそ、伊勢神宮をはじめとする神社の神職さんたちは、祖先の労を忘れずに継承することを使命とし、祖となる人々が見た原点や本質を謙虚に見つめることを己に課しているのです。

さて、伊勢神宮に話を戻しますと、こうした日々のささやかな儀式もあれば、尊い神の社たる神宮を遷御《せんぎょ》する「式年遷宮」なる大規模な儀式もあります。これは、20年に一度、社殿や神宝を古式のままに一新する文化伝承です。すべてを新しくすることによって「神々が甦り、人々も若返る」行事として、690年の持統天皇の時代から約1300年間も繰り返されてきました。

建て替える歳月が、なぜ式年（20年）なのかについては多くの説があります。

たとえば、神宮の屋根は茅葺きで、社殿はヒノキを用いた白木造りです。月日とともに腐りゆくため、20年で建て替えるのがちょうど良いとする説。あるいは、匠たちの伝統技術を次の世代に継承していくために、この年数が適切だったとする説……。いずれが正しいかはわかりませんが、式年遷宮は結果的に、古代の匠の技術を今に伝える役割を果たしています。

古い時代の技術でも優れたものは数多くあります。たとえば、東京スカイツリーの耐震対策はまさに古今の技術の結晶で、法隆寺などをはじめとする日本古来の木塔に必ず使われているという〝心柱〟なる技術を用いて地震の揺れを軽減する工夫をしています。

もちろん、式年遷宮で受け継がれるのは、建築技術だけではありません。御装束や武具や楽器などからなるご神宝など1500点以上を人間国宝の方々の手によってすべて一新します。

ギリシャのパルテノン神殿が紀元前400年以上前に建てられて今は廃墟・遺跡として保存されている一方で、日本の伊勢神宮は壊しては作り直す〝スクラップ&ビルド〟を繰り返すことによって、「常若《とこわか》」と呼ばれる永遠の命の継承を保ちます。日本と海外では、永遠の捉え方が違いますね。

永遠の考え方だけでなく、死生観もまた日本と海外では大きく異なるものの一つです。奈良時代に編纂された日本最古の歴史書『古事記』には天地開闢《かいびゃく》の瞬間である「天地初発之時」、ドロドロとした混沌の中から、性別を持たない神様がふつふつと生まれては、そのままお隠れになったとあります。

その後、男女の神々が登場し、その中の伊邪那岐命《いざなぎのみこと》と伊邪那美命《いざなみのみこと》によって初めて天沼矛《あめのぬぼこ》で渾沌とした大地をかき混ぜる「国生み」が行われ、結婚して神様を生む「神生み」も行われました。

このように神道には何かと何かが結びつくことで初めて新たなものが生まれる〝産霊《むすひ》〟なる概念があります。

また、日本人のルーツを辿っていけば古《いにしえ》の神々に行き当たり、天照大神《あまてらすおおみかみ》は皇室の御先祖とされています。つまり、神道の場合、神と人はいわば血縁の関係。個人は神々から脈々と続く大きな生命の流れの一部であり、菅原道真や平将門など、人間が神として祀られるのも矛盾ではありません。

その点、一神教は、神と人との関係は血縁ではありません。神は神であり、親でも祖先でもなく、人を作りたもうた絶対的な存在です。だからこそ、人は一人ひとりが個人として神と契約を交わします。いわゆる「個人主義」のベースです。

しかし、神道では、人は自分を含む大きな命に連なり、大きな命のために在る存在なのです。日本語に「I」（私）の主語がないと言われたりすることにも無関係ではないのかも知れません。

現代はグローバル化によって、個人主義が広く浸透し、多くの人が孤独を抱える無縁社会が広がっていますが、神道では、神や祖先と自らが絶えずつながり、自分を見守ってくれていると信じることを大切にしています。

古来、あらゆるところに宿る神や祖先の存在を感じ、信じてきた日本人には、こうした目に見えない存在に守られていると感じることで、心安らかにいられるという面があったことが伺えます。

「浄明正直《じょうめいしょうじき》」清らかで明るい心で生きる

2013年の式年遷宮の折、伊勢神宮は新時代を思わせる意外な挑戦に踏み切りました。なんと、ムービーやポスターなどの広報ツールの制作に、一人のインド人クリエイター、マンジョット・ベディ氏を起用したのです。

ベディ氏は、インタビューでこう語っています。

「(伊勢神宮に) 足を踏み入れた瞬間、その美しさに感銘を受け、思わず涙が出た。なぜ神道を信仰しているわけでもなく、日本人でもない自分がこれほど感動するのか。目には見えない細部にまで行き届いた気配り、まさにものづくりの『オリジン』と言えるすべてが、伊勢神宮に詰まっていることに気がついた」

(東洋経済オンライン「新世代リーダー50人」2013年9月2日記事より)

ベディ氏の作った伊勢神宮のムービーには、神宮をとりまく豊かな光と風、目に見えぬものに満ちた神々しい空気、死を経て再び生まれいずる誕生の光景、これらが美しく繊細に表現されています。

一方、ナチスから逃れて来日したドイツの建築家・ブルーノ・タウト氏も『日本美の再発見』（1939年）の中で伊勢神宮に対し、絶賛の辞を述べています。

「伊勢神宮では、一切のものがそのまま芸術的であり、ことさらに技巧をこらした個所は一つもない。清楚な素木はあくまで浄滑である」

「日本人は、伊勢神宮を日本国民の最高の象徴として崇敬している。まことに伊勢神宮こそ真の結晶物である。構造は、この上もなく透明清澄《せいちょう》であり、またきわめて明白単純なので、形式はそのまま構造そのものとなる」

タウト氏が日本に滞在したのは3年半でしたが、式年遷宮についても、「伊勢神宮は常に新しい。私にはこのことこそ、とくに日本的な性格のように思われるのである」と述べるなど、非常に鋭い観察眼を持っていました。

彼の言う通り、日本人はまさに無垢で明るい生き方を信条としてきました。

このように、神道からは、何に価値を見出すべきなのか、いかに生きるべきなのかを教える内容も伝わってきます。

それが「浄明正直《じょうめいしょうじき》（きよく、あかく、ただしく、なおく）」。

心を濁らせることなく清らかに、明るく晴れやかな気分で、偽ることなく正しい心を持ち、何かに偏ることなくストレートに生きなさい。そう教えてくれる言葉です。

とくに浄明正直《じょうめいしょうじき》の「浄」には、ベティ氏やタウト氏を感動させた伊勢神宮のような「清らかさ」「美しさ」といった意味があります。日本人は「美」を重んじてきました。清浄無垢な状態にこそ、真があり、善があり、美があるのです。

歴史上、この語が最初に出てくるのは、1300年前の『続日本紀』。天武天皇の宣命《せんみょう》として、冠位の名称を「明、浄、正、直、勤、務、追、進」にしたことがはじまりで、現在に続く神職の階級も上から順に「浄階・明階・正階・権正階・直階」となっています。

また、『続日本紀』の冠位には「勤」の文字が見えます。「浄明正直《じょうめいしょうじき》」と同時に、日本人の理想となっていたのが「勤労」の精神です。

この秋は雨か嵐か知らねども　今日のつとめに田草取るなり　（二宮尊徳）

「今秋は雨や嵐で被害を受けるかも知れないが、今はただひたすらに今日できる雑草取りをするだけである」。

江戸時代後期の農政家・思想家がこう言い残したように、日本人の勤勉性はおそらくは稲作の影響が大きいのでしょう。稲作は毎日、たゆまずきちんと世話をし続けるかどうかで収穫に大きな差が出ます。実は、神話の中でも、天照大神《あまてらすおおみかみ》をはじめとする神々は機織りをしたり、農作業をしたりと皆まじめに働いています。

また、日本人の美徳として語られがちなものには、「慎み深さ」もあります。実はこれも、神道と深い関係のある言葉なのです。

前述しましたが、『日本書紀』に次の言葉が残されています。

慎《つつし》みて怠《おこた》ること莫《なか》れ

これは、日本武尊《やまとたけるのみこと》が父である景行天皇から東征の命を受けて東国へ旅立つ前に、叔母である倭姫命《やまとひめのみこと》から伊勢神宮で餞《はなむけ》として贈られた言葉です。

また、江戸時代後期の国学者、富士谷御杖《ふじたにみつえ》も次のように書き残しています。

神道のむねとするは 慎みなり

このように、慎みもまた、神道の神髄の一つです。

倭姫命《やまとひめのみこと》の餞《はなむけ》は今でも、ともすれば驕り、怠りそうになる私たちの心を戒めてくれる美しい言葉です。

さて、浄の対義語となるのが、「罪」や「穢《けが》れ」です。

「穢《けが》れ」の語の由来は、不浄のものを指す「汚れ」とも、生命力の衰えを指す「気枯れ」ともいわれ、たとえば血や死、病気など、神道で忌み嫌われる罪悪に触れることを指します。

「浄明正直《じょうめいしょうじき》」の言葉にもある通り、私たちの祖先は、まっさらで若々しく、生命力にあふれた状態、たとえば生まれたばかりの赤ちゃんのような状態をもっとも尊いものと考えました。

能の世界でも、神はたいてい童子や高齢の翁の姿で描かれます。生まれたばかりの無垢な子ども、あるいは長く生きて我欲を捨てた老人もまた、魂の純度の高い神に近い存在とみなされていたのでしょう。

神道は、人の原点は清らかなものであり、善人と考える〃性善説〃。己の欲や虚栄心から嘘をつき、誰かの成功を妬み、羨《うらや》み、悪事を働いてしまうのは、「何かのきっかけで悪いものが付いてしまった結果」とみなします。

まさに、孔子の言葉や聖書にもある「罪を憎んで人を憎まず」。背景やニュアンスは微妙に異なりますが、神道もよく似た思想を持っていました。

そして、清らかなものに付着した穢《けが》れをぬぐい去り、心身ともに清らかな状態に立ち返るための儀式が「祓《はら》い」です。神職さんが、榊《さかき》の枝や白木の先に和紙をとりつけた大幣《おおぬさ》を左右に大きく振る姿をご覧になったこともあるでしょう。こうした儀式でも、穢《けが》れは祓《はら》えるとされています。

ほかにも、穢《けが》れを焚き上げて浄化する〝火〟や力士が土俵に入る前に場を清める〝塩〟など、祓《はら》いにはいくつかの方法があります。

中でも、最も一般的なのが〝水〟を用いる「禊祓《みそぎばら》い」。水は、古代から、生きるうえでなくてはならないものであり、神の力の宿る特別な存在とみなされていました。

この「禊祓《みそぎばら》い」を初めて行ったとされるのは、日本で最初に結婚し、離婚をされた前述の伊邪那岐命《いざなぎのみこと》です。黄泉《よみ》の国から命からがら戻った伊邪那岐命《いざなぎのみこと》はこんな言葉を残しています。

伊邪那岐大神《いざなぎのおほかみ》詔《の》りたまひけらく、
「吾《あ》は 伊那志許米志許米岐《いなしこめしこめき》 穢《きたな》き国に到《いた》りて在り祁理《けり》。故《かれ》、吾《あ》は御身《おほみま》の禊《はらひ》為《せ》む。」
とのりたまひて、竺紫《つくし》の日向《ひむか》の橘《たちばな》の小門《をど》の阿波岐原《あはきはら》に坐《ま》して、禊《みそ》ぎ祓《はら》ひたまひき。
（古事記）

伊邪那岐命《いざなぎのみこと》は、筑紫・日向（現在の九州・宮崎県）にある「立花の阿波岐原」で、黄泉の国で愛しい妻の〝死〟に触れた罪と穢れを除くべく、川に体をつけて禊《みそぎ》を行いました。この時に、衣服や袴、帯、冠、腕輪など、身に着けていたものを次々と投げ捨てたとされ、そこから十二柱の神々が誕生しました。

私たちの入浴方法でいえば、お風呂に入る前に身に着けたものをことごとく取り去るところが「祓《はらえ》」、そして裸一貫で湯につかるところが「禊《みそぎ》」といったところでしょうか。

私たち日本人が、世界でも一、二を争う清潔好き、お風呂好きの民族であることは、清らかさを追い求めた祖先の生き方と無関係ではないように思えます。

神田明神でも、1月には「だいこく祭り」の一環で、神田囃子《ばやし》や将門太鼓の奉納などとともに、「寒中禊《かんちゅうみそぎ》」を行います。参加者は、まず本殿前でお祓《はら》いを受けたのち、神伝作法「鳥船」で準備運動をします。そして、男性はふんどしを、女性は白装束をまとって、勇ましいかけ声と共に0℃近い気温の中、冷水を頭からかぶります。

また、「禊《みそぎ》」が時に「霊《み》注《そそ》ぎ」と表されるのは、日常に慣れてしまった気だるさに元気を注ぐ、喝を入れるという意味合いもあります。実際、禊《みそぎ》をすると、リフレッシュしてしゃきっと背筋が伸びるような気がします。

禊《みそぎ》とは、自分をリセットして、断捨離をしながら新しい発見をしていく。そして、自分の品性を高めていくための体験・修行の一つと言えると思います。

ちなみに、禊《みそぎ》は個人の体験だけにとどまりません。実は、国中の「罪」と「穢《けが》れ」を祓《はら》い、清めるための行事もあります。

それが、除災行事としての「大祓《おおはらえ》」です。6月30日と12月31日の年2回行われるもので、それぞれ「夏越《なごし》の祓《はらえ》」、「年越《としこし》の祓《はらえ》」と呼んでいます。

もとはといえば、奈良時代に律令制で定められた国家儀礼として、夏の疫病を防ぎ、清らかに新年を迎えるための大切な儀式として、１５００年の長きに渡って受け継がれてきました。

国中の罪を山から川へ、川から海へと押し流していく壮大な絵巻が展開する大祓《おおはらえ》の祝詞《のりと》をぜひ第七章でご覧ください。

「共生」和の思想で生きる

国連食糧農業機関(FAO)が明らかにしているデータによれば、日本の森林率は約68%。ランキングで見ると、先進国ではフィンランド、スウェーデンに続く3位で、トップクラスです。世界の平均が30%であることを考えると、いかに豊かな森の国であるかということがわかります。

日本には資源がないといわれますが、森資源に限っては豊富に存在しています。森を聖なる場所とみなして開発を慎み、生態系を守り続けてきた歴史があります。

古代日本人にとって、森は、コントロールし、切り開くべきものではなく、時によりそい、時に抱かれながら、共に生きる相手だったのです。

そのためか、地震や台風、津波などの自然災害に対しても、日本は独特の捉え方をします。あたかも明けない夜がないように、神々の一時の怒りにも似た暴力的な嵐のさなかにあっても、なんとか耐えしのげば、あたたかな光はもう一度戻ってくる。そう考えていました。

だからでしょうか、災害時における日本人の精神力は世界を驚かせてきました。東日本大震災の折も、被災しながらも他人への心配りを忘れず、慎ましく行動した東北の人々にむけて、国内外から惜しみない賛辞が贈られたのは未だ記憶に新しいできごとです。自然を敬うことで培った礼儀や秩序、勤勉性、心配りなどは、現代人のＤＮＡにも脈々と受け継がれてきたと言えると思います。

同時に、昔から台風や地震、噴火など、世界的にも自然災害の多い土地に生きてきたからこそ、日本人は人と人とのチームワークも重んじてきました。

神道にも、「和」につながる知恵が多く込められています。

日本の伝統的な模様の一つ、「巴紋《ともえもん》」。古くは古代の遺跡や出土品に描かれ、今は家紋や神紋、寺紋などとしてもおなじみですね。お祭りのときの提灯や和太鼓のマークとしてご覧になっている方も多いと思います。

そもそもは、弓の弦が他の物に触れるのを防いだ革製の弓具である「鞆《とも》」や鞆に描かれていた絵柄「鞆絵」を図案にしたとの説、勾玉《まがたま》を図案にしたとの説などがあります。

巴紋

ちなみに、韓国の国旗で見られるような陰陽のマークは、中国では「太極」と呼ばれる二つ巴。これが表すものは、二項の宇宙観。主に道教に由来するマークであり、巴紋とは別のものです。

巴紋が表すのは、「三つ巴」との言葉がある通り、バランスをとりながら拮抗しあう3つの勢力です。コインの表か裏かしかない二項の宇宙ではなく、勝ち負けが循環する〝じゃんけん〟のような宇宙です。

面白いのは、この〝じゃんけん〟のルールを生み出したのが、ほかならぬ日本人だということはご存知でしょうか？

欧米では、コインの裏表で勝ち負けを明確にします。ゆえに白黒が明確になり、対立を起こしやすいともいえます。

その点、日本人は〝じゃんけん〟において、あいこのルールも編み出しました。しばしば日本人の弱点として語られる「優柔不断」、「白黒つけたがらない」、「人の顔色を伺う」などの特徴は、八百万《やおよろず》の神々に培われた多元的価値観と、〝あいこ〟の思想によるものなのかも知れません。

また、勝ち負けを作らないのは、「継続」のための知恵でもあります。

企業の経営面においても、急成長して急速に没落するリスクをはらんだ形ではなく、淡々と安定して続くことを目指した老舗は、だからこそ家訓の中で大勝ちすることを戒めています。

今は日本の企業にも欧米のシステムが浸透し、リストラも日常的に行われるようになりましたが、一昔前の企業風土は違いました。業績が悪化した時は、リストラで一部の負け組を作るのではなく、全員が給料をカットして耐え忍ぶのが日本流。良いか悪いかは別として、お互いが気持ちよく生きるための和の思想から、こうした文化も生まれてきたのでしょう。

「言挙《ことあ》げせじ」　あえて教義をつくらない

古代人が磨き、神道として残した「和」の知恵の一つに「言挙《ことあ》げせじ」というものがあります。

「言挙《ことあ》げ」とは、明確に言葉にすること、自分の意志をはっきりと声に出して言うこと、「言挙《ことあ》げせじ」とは、「わざわざ言葉に出してはっきりと言うことをしない」ことを指します。言いたいことがあっても、あえて言葉にしない。自分の欲のために主張を通そうとしたり、保身のための言い訳を見苦しく言いつのったりしないこと。古代人はそれが善であり、美であると考えました。

『古事記』を紐解くと、「言挙《ことあ》げ」に関する記述は次のようにあります。

東国を無事に平定した日本武尊《やまとたけるのみこと》は、倭姫命《やまとひめのみこと》にもらった草薙剣《くさなぎのつるぎ》を妻である美夜受比売《みやずひめ》に預けたまま、伊吹山（現在の岐阜県と滋賀県にまたがる）の神討ちへと出立する。その道すがら、白い大猪に出会った。

「この白猪なれるものは、その神の使者にこそあらめ。今殺らずとも、還らむときに殺りてむ（これは神の使者であろう。今殺さず帰る時に殺そう）」

そう言った言葉こそが〝言挙《ことあ》げ〟です。日本武尊《やまとたけるのみこと》は、うかつにもこう発言したことにより、白い大猪に化けていた山の神の怒りを買います。下山中にはげしい雹《ひょう》に襲われ、痛めつけられた日本武尊《やまとたけるのみこと》は下山したものの、やがて歩けなくなり、故郷に帰ることもかなわず、三重村と呼ばれる場所で没することになりました。

言霊《ことだま》の力が信じられていた古代において、「言挙《ことあ》げ」は内容によっては死をも招きかねないものでした。人の社会においても、自分の欲求を言い張れば、摩擦が生じます。そこを禁じて、相手の気持ちを尊重し、慮《おもんぱか》ることを教える意味もあったのでしょう。日本人が明言を避けたがり、時に〝玉虫色〟といわれる発言を繰り返すのも、もともとは他者を慮《おもんぱか》り、自己主張をぐっとこらえる「言挙《ことあ》げせじ」の精神によるものと言えます。

だからこそ、相手が主張しない分、顔色を見て気持ちを察する文化が発達しました。同時に、相手を傷つけないようにオブラートに包まれた物言いをするようにもなったのです。

本音と建て前が生まれてしまったのも、本来は相手を思いやってのことでした。

神道に、教義や教典がないのも、主張をしない考え方に通じます。神道の教えはひっそりと、口伝で継承されてきました。日本において、神道についてよく知らない人が多いのもこのためなのです。


キリストも釈迦も孔子も敬ひて拝む神の道ぞ尊き　（貞明《ていめい》皇后御歌）

明治時代を生きた大正天皇の妃、貞明皇后がこう詠まれたように、神道はキリスト教、仏教、儒教が海を渡ってきた時も、はじき出すわけでもなく、教義の優劣で張り合うわけでもなく、ただ包み込んできました。

一方で、キリスト教やイスラム教のように、厳格にルールが定められ、厳格な教典とともに布教されるのが常である民族からみれば、神道は信じられないほどあいまいに見えるようです。

確かに、見方によっては間違ってはいませんが、「～すべき」というルールを最低限に抑え、大部分を人の良心に任せている神道の自由度は、極めて高いといえましょう。

老舗の家訓の基盤にもなったように、神道の精神性は、「敬神崇祖《けいしんすうそ》」「浄明正直《じょうめいしょうじき》」「共生」「言挙《ことあ》げせじ」、この4つの本質をコアとし、年を重ねるごとに品位と深みを増す生き方を理想として継続してきたのです。

第四章 ● ビジネスに活きる神道の知恵

企業と神社の密な関係

正月の神田明神は、三が日が明けたあとも賑やかです。神田、日本橋、秋葉原、大手町、丸の内などにある氏子企業1500社、延べ10万人のビジネスマンが、社運隆昌や商売繁盛、従業員や家族の安全を願って参拝に訪れます。

日々厳しい競争を繰り広げ、時代の最先端を行く企業と神様をお祀りする神社は、一見ミスマッチな取り合わせです。しかし、企業参拝は、単に迷信深い時代遅れの習慣ではありません。企業のトップが部下たちを率いて神社に詣でるのは、実は、きちんとした理由があります。

また、神社への参拝どころか、企業の中には、会社の敷地内やゆかりのある地に自らの守護神を祀っている企業もあります。

■企業を守る神々の社

・トヨタ／トヨタ神社（豊興《ほうこう》神社）
・パナソニック／白龍大明神
・日立製作所／熊野神社
・出光興産／宗像神社
・サッポロビール／恵比寿神社
・資生堂／成功稲荷神社
・キッコーマン／琴平神社
・東京証券取引所／兜神社　　などなど

いずれも著名な企業です。また、神田明神が氏神を務める神田から丸の内にかけてのエリアは、世界的な大企業から老舗企業、ベンチャー企業に至るまで、神棚をお祀りしている企業が多数存在します。

神職さんたちは年末になると、お札のたくさん入った籠をもって、氏子地域の神棚のある家や企業を訪問します。お正月の前に、神様の依代《よりしろ》となるお札を新しくするためです。

こうしたことは非科学的でしょうか？

銀行によっては、神棚がある企業には良い印象をもつ、という融資担当者もいるようです。

これは、神棚を祀らないと危ない、という話ではなく、本来、長たるものが司る神棚があり、いつもすがすがしいということは、社長みずからお供えの水や榊を管理し、拭き清めているということ、つまり、代表者には、事業の発展や社員の安全を願う心がある、さらに、神社のお札を祀ってあるということは、この会社は地域ともきちんと付き合いを行える会社である、融資担当者はそう読んでいるのだそうです。

もちろん、企業を運営するにあたって神頼みは必須ではありません。生涯無敗を誇った剣豪が残した言葉には、こんな一言があります。

神仏を敬えど、頼まず　（宮本武蔵）

自分を生かす大いなる存在は敬うけれども、頼みはしない。あくまでも謙虚に、自分の果たすべき使命をまっとうする自力本願の生き方をした、現実主義者らしい言葉です。現代で言うなら「人事を尽くして天命を待つ」の心境でしょうか。

それでも、多くの企業は神社を持ち、トップは神を祀ります。これはなぜなのでしょうか。

企業が神を祀るわけ

神を祀る理由として、前述した商売繁盛や安全祈願以外にも、企業が世の中に愛され、存在を許されて長く継続していくためには、神道の理念が非常に重要なことだと感じているからかも知れません。

そもそも、資本主義の生い立ちから「倫理感を持つこと」は欠かせませんでした。

ドイツの社会学者マックス・ヴェーバーは、論文『プロテスタンティズムの倫理と資本主義の精神』の中で、近代資本主義の起源と、発生の条件を探っています。

なぜ、ヨーロッパにおいて資本主義が成立するに至ったのか？

その本では、プロテスタンティズムによる「神の奉仕をするために自分の身をおさめよ」との禁欲思想から近代資本主義が生まれたとしています。

日本では、明治時代に資本主義を導入しましたが、キリスト教は浸透しませんでしたので、神道や仏教が、ある意味、キリスト教に代わる倫理となって、経営者の精神を律し、モラルを守る楔《くさび》となってきた面もあるのかも知れません。

また、経営者はシビアな経営判断を下す局面が少なくありませんが、そのような時は、無私の心に立ち返る必要があることでしょう。だからこそ、トップは自分を無にする場所としての神社や神棚を必要としているのかも知れません。

さらに、会社を経営していれば、ツキや偶然、運といった、自分ではいかんともしがたい要素も絡んできます。

企業内神社や神棚は、そのような世界で戦う経営者や社員の守護神として、精神的な安らぎをもたらしているようです。

連帯感と帰属意識――神社はチームの中心地

神社は「神様がおられる場所」と思っている方も多いかも知れません。残念ですが神様は神社に常駐しておられるわけではありません。お参りをして鈴を鳴らしたり柏手を打ったりすることがいわば呼び鈴で、神様に自分の訪れを知らせる合図なのです。すると、どこかで音を聞きつけた神様が、ぱっと瞬間移動で神社に来られます。

では、神社はなぜ誕生したのでしょうか？

そもそも自然に宿る神々は、山や岩などに降臨されるものであり、建物の中にご神体を収めるという考えはありませんでした。しかし、仏教によって寺院が建てられ始めると、一時的な祭壇を守る小屋を経て、やがては社が建てられるようになり、いまの神社の形となりました。そもそもは、みんなで田植えをしたり、畑を耕したりするムラの精神的な支えとして存在していたとみられています。

神社とは、天変地異から自分たちを守ってくれる存在であり、なおかつ自分が一員と感じられるチームの中心地だったのです。


現在は共同体から個を中心とした文化へとシフトして、社会全体がともすると他人に無関心になってしまいがちですが、みなを結びつける神社のパワーは今も残っています。まさに「産霊《むすひ》」の思想であり、今風にいえば、男女の間に限らない人と人の縁結びです。

冒頭に述べた法人参拝には、一緒に仕事をするチームが心をひとつにしてお参りすることで、連帯感や帰属意識を高められる、そんな〝ご利益〟もあると思います。

さて、神社を中心に人々が集まり、神への感謝をささげ、楽しく騒いで一体感を高める慣わしが現代にも残っています。

そう、〝祭り〟です。

そもそもの祭りは、神社を核として古代から受け継いできた神話的な世界観を集団で再確認するための儀礼として誕生しました。

今でも、日本人はお祭りが大好きです。なかでも東北は、青森の「ねぶた祭」、秋田の「竿燈《かんとう》まつり」、山形の「花笠まつり」、仙台の「七夕まつり」ときらびやかな祭りで鳴らすエリアです。

東日本大震災の折は、悲しみにくれる被災地で、祭りどころじゃないといわれながらも、地域の人はお祭りを望まれました。宮城県石巻市では、がれき撤去などを行っていたボランティアの人々が、がれきの廃材などで作られた「がれき神輿」をかつぎました。

祭りの語源は、「神の訪れを〝待つ〟」。

人々が根源的な霊性を確認しあい、遠い祖先とじかに対話し、目に見えない神と触れ合うもの。人間が生きている自分を感じ、強い絆でつながっていることを確認し、自分のルーツやアイデンティティーを実感できるもの。無縁を有縁に変え、新たなものを創造する。

神社と祭りには古くから、そんな力が備わっています。

だからこそ、苦境の今こそ祭りをしなければならない。すべてが流されたからこそ、もう一度絆を取り戻すべく、復興の願いをこめて、先陣を切ってよみがえったのが祭りだったのでしょう。

会社として祭りに参加しませんか？

神道には、神から祖先へ、親へ、子へと命をつないで生きているなかで、「今この瞬間」こそ、来世や前世より価値があると考える「中今《なかいま》」という思想があります。

祭りでは、若手の男性は力を存分に発揮して神輿を担いだり、山車《だし》を引いたりしますし、女性は炊き出しをしたり、おむすびを握ったりします。祭りの運営に手慣れたベテラン勢が采配を振るい、子どもも一緒に踊るなど、それぞれの役目を全うします。一人はみんなのために、みんなは一人のために。いま生きていることに感謝しながらベストを尽くす祭りは、まさに「中今《なかいま》」思想の結晶です。

世代を超えた役割を見出し、それぞれの人に役割を与えているという意味では、社会や企業との共通点が多いともいえましょう。

神田明神では、2年に一度、祇園祭（京都市八坂神社）、天神祭（大阪市大阪天満宮）と並び、〝日本三大祭〟の一つにも数えられる「神田祭」を開催しています。

オフィス街であるこの地域は、住んでいる人よりも企業のほうが多い土地柄ゆえに、氏子である企業が社をあげて参加しています。

上司も部下も地域住民も半纏《はんてん》姿。粋な祭囃子《まつりばやし》にのって、迫力あるお祭りで一緒に心を浮き立たせ、楽しむことは、翌日からの人間関係を驚くほどスムーズに変えてくれることでしょう。

今や懐かしい慣習となってしまった社員旅行ももともとは団結と人間関係の潤滑油の意味合いがありましたが、自社の社員たちと祭りに参加したことがない、そんな企業はぜひ、参加を検討してみてはいかがでしょうか？

社員同士はもちろん、ほかの企業、地域の人々とのご縁がきっと結ばれていくと思います。

第五章 ● 神道が世界を救う⁉

日本は世界とわかりあえない国？

サミュエル・ハンチントンは、1996年に著した国際政治学の著作『文明の衝突』の中で、「現在、世界中のあらゆる国々が自らのアイデンティティーをめぐる大きな危機に直面している」とし、日本を「孤立国」と断定しています。

「日本文化は高度に排他的で、広く支持される可能性のある宗教（キリスト教やイスラム教）やイデオロギー（自由主義や共産主義）をともなわない……そのような宗教やイデオロギーを持たないために、他の社会にそれを伝えてその社会の人々と文化的な関係を築くことができない」

日本が宗教を持たない異質の国ゆえに、世界から孤立しているという主張です。こうした主張を信じている方も、いまだに海外には多いかも知れません。

しかし、本当にそうでしょうか？

確かに日本はすこぶる異質な国です。

第二次世界大戦の敗戦から、奇跡ともいわれるスピードで復興を遂げ、今ではトップクラスの技術力を誇る近代国家の仲間入りを果たしました。テクノロジーが発達している先進国は、たいてい一神教ですが、日本だけは意識の水面下で古代の多神教を色濃く受け継いでいます。

つい最近まで、海外に行く機会の多い方は、「自分の意見がない」「何を考えているのかわからない」「物事を即決できない」など、かんばしくない日本人評にさらされることが多かったと聞きます。

合理的でドライな海外、感情的でウェットな日本。

論理を重んじる海外、心を重んじる日本。

表面的に見れば、日本は、世界の(欧米の)スタンダードから外れた潮流の国なのかも知れませんが、すでに述べたとおり、日本人は宗教を持たない民族ではありませんし、アニメや和食などクールジャパンな面からも「他の社会の人々と文化的な関係を築くことができない」という点を克服しつつあるように見えます。

現に、日本の良さを海外へと発信してくれた外国人は数多くおり、ジョン・レノンや禅の世界に傾倒したスティーブ・ジョブスなどは有名ですし、かのアルベルト・アインシュタインはやさしい国民性への賛辞を惜しまなかったと言います。

いずれも、日本を深く愛してくれた方々ですね。

ときどき、日本の良さを書いた外国人の書籍なども目にしますが、概ね日本の長所としては「夜中に一人で外出しても安全である」「なくした物がそのまま返ってくる」「人との約束でも交通機関でも時間を守る」「サービスが行き届いている」「建築物・庭園などに自然と人の一体感がある」「デザインや技術面で伝統と近代が共存している」　などが多いようです。

いずれも日本が伝統的に培ってきた神道イズムをベースとする無形の財産と言えると思います。

アニミズムは世界のふるさと

近年は、日本語や日本文化、日本流のサービスを学びに来る外国人に加えて、アニメ、マンガ、ゲームといったサブカルチャーに惹かれてくる学生たちも増えて来ました。

手塚治虫以降、マンガやアニメに慣れ親しんだ日本人からすれば、サブカルはそれほど物珍しいものではありませんが、海外の人の目には非常に新鮮に映るようです。というのも、サブカルの代表選手であるアニメーションの語源はアニマ（魂）。アニミズムの語源でもあるように、日本のサブカルは、まさに多神教ならではの産物であり、世界の社会学者や宗教学者、人類学者が研究対象にしているジャンルなのです。

アメリカの文化人類学者アン・アリスン氏は、2010年に刊行した自身の著書『菊とポケモン　グローバル化する日本の文化力』の中で、日本のサブカルについてこう分析しています。

「アニミズムにある無意識は、新世紀を迎えた日本人の社会的慣習においてとりわけいきいきと息づいている。それは、戦後生まれた鉄腕アトムをはじめとする作品に見られるように、生命のないものとあるものとの境界がたえず交わり、絡み合っている世界を描くファンタジーを制作する産業にもふくまれる。」

そして、日本のファンタジーの世界は、「なじんできた形がいったんすべて崩されて、新たにハイブリッドとして組み立て直され」、多種多様な機械（メカ）や有機体が、時には人間でさえ部品や部位が境界を越えてまじりあうといいます。

アリスン氏はこの様子を、〝テクノ―アニミズム〟と名付けています。

このアニミズムの国では、テクノロジーと生命の融合はもちろん、何もかもが擬人化され、キャラクターを持ちます。鉄腕アトムやドラえもんのように、金属製のロボットにもやさしい心が宿り、ポケットモンスターのような存在が、かわいくも頼もしい戦友になってくれます。

なかでも、目に見えぬ存在を感じる日本の思想がダイレクトに表現されたのは、宮崎駿監督が手掛けたジブリ映画『千と千尋の神隠し』でしょう。海外の人にとってはわかりにくい内容かと思いきや、欧米でも『Spirited Away』の英題で大ヒットを記録しました。

日本のサブカルの世界では、善悪だけでは測りきれない豊かなキャラクターがひしめきあい、己に課せられた役目を全うしています。

それは、まさに自然や森の在り方そのものといってもよいでしょう。

では、ジブリ映画をはじめとする日本のアニメやマンガ群が、アニミズムの発想がない海外においてもなおファンを得られた最大の理由とは何でしょうか？

大きな理由は、アニミズムへのあこがれだと考えられます。いや、懐かしんでいるといった方が正しいかも知れません。なぜなら、世界の人々にとって、日本が発信するアニミズムの世界は、自分たちがかつて持ちながら失われた光景だからです。

宗教の進化論に乗らなかった日本

生物と同じく、実は宗教にも〝進化論〟が存在します。すべての宗教は、アニミズムやシャーマニズムのような「自然崇拝」を経て、「多神教」になり、そして「一神教」へと進化していったという宗教社会学の仮説です。

歴史的に見れば、古代ヨーロッパ、ローマ神話の時代は、豊かな森と多くの神々が活躍した多神教の文化でした。地理学者・安田喜憲氏は、自身の著書『日本よ、森の環境国家たれ』の中でこう述べています。

「(地中海の)あのハゲ山がつづき、森のひとかけらも見ることのできないギリシァやイタリア、あるいはトルコ西海岸やシリア、レバノンの山々に、かつてうっそうとした森が生育していたことを想像するのは困難である。しかしかつて地中海沿岸の国々は森の王国だった」

土中に含まれる花粉の化石を抽出し、どんな花粉がどれくらいあるかを調べることで過去の森林の様子を復元する「花粉分析」という手法があるそうですが、安田氏によれば、この手法を使うことで、わずか2~3000年前までこれらの地域も深い森に覆われていたことが判明しているのだそうです。

つまり、今は乾いた大地が広がる地域にも、かつては豊かな森があったことになります。第二章で述べた自然宗教は、人類共通の通過点だといって差し支えないでしょう。自然宗教はすべての人の魂の故郷といえます。

ご存知の方も多いかと思いますが、キリスト教を公認したローマ帝国も、当初は、地中海にある多くの民族、言語、宗教を、多様な価値観と思想で維持していました。

しかし、民族が厳しい環境に置かれたとき、追い詰められたときには絶対的な力を持つリーダーを欲するように、そのような状況下では、厳しい戒律で民衆の心を束ね、団結させるために一神教を必要としたのかも知れません。

そのように考えますと、日本は平和だったからこそ一神教に進化することなく、多神教のまま存在できたともいえます。

日本は、信仰の面から見ても豊かで贅沢な国です。

サブカルに魅了される海外の人々はきっと、自分たちが失った原始の感覚を心地よく楽しんでいるのではないでしょうか。

神道の思想――平和・自然との共生・持続的な社会

世界では、宗教や民族間の対立という図式の戦闘が続いています。一神教は結果的に「敵を作ってしまう」側面があると思います。今こそ、多神教を見直し、進化の過程で通り過ぎた「和」を大切にする神道の精神を共通の言語として採用すべき時期なのではないでしょうか。

日本人は、2000年の長きにわたって権威と権力をあわせ持つ独裁的なリーダーを必要とせず、なによりも調和を重んじて生きてきました。今も多神教が心に息づく日本人だからこそ、これからの世界のためにできることがきっとあると思います。

実は今、ゆっくりとではありますが、神道の教えが海外にも広まりつつあります。

たとえば、ハワイ島ヒロには国外で最古の神社「ヒロ大神宮」（１８９８年）が、アメリカのワシントンには北米初の神社「アメリカ椿大神社」（１９８７年）が、フランスのブルゴーニュ地方には「和光神社」（２００６年）がそれぞれ創建されています。

２０１４年６月にはイタリアの北部に位置する世界で5番目に小さな国家、サンマリノ共和国にも神社が創建されました。尽力されたのは、サンマリノ共和国駐日大使、マンリオ・カデロ氏です。

駐日４０年のカデロ氏は神道の魅力について、インタビューの中でこう語っています。

「私は敬虔なローマンカトリック信者です。ですが、それでも神道の素晴らしさはよくわかります。神道は自然を神と崇めて大事にしつつも、他の宗教に対しても寛容であるので、広い視野で物事を捉えることができる自然哲学だと思っています。」

（ＮＥＷＳポストセブン　２０１４年6月6日記事より）

日本国内でも外国人の神職さんが増えています。国籍を超えて、神道の教えに共感してくれているようです。

一神教が生まれたとき、すべての人が貧しく、戦乱の連続でした。対立すれば、人知を超越した存在（神）による原理主義、それに基づく力と闘争で解決せざるを得ませんでした。これは父性原理の文明と言われています。

これに対し、日本に見られる森の文明は、自然宗教のもとで豊かなアニミズムを生み、母性原理の文明を形作ってきました。母性原理の文明は、和をなす文明であり、生命の再生と循環の思想と祖先とのつながりを意識し、大切にするものでした。

しかし、このような違いはあっても、世界と日本は決してわかりあえない関係ではないでしょう。多神教という故郷を持つ者同士、理解できることがきっとあると思います。

神道のもつ「和の思想」や「多様な在り方を認める価値観」こそ、平和への希求、自然との共生、持続的な社会の構築が必須な今の世界において求められているものではないでしょうか。

ハイテクとアニミズムが共存する唯一の国「日本」のできること

これまで述べてきたように、日本は、ハイテクとアニミズムが共存し調和している唯一の国と言えます。そんなユニークな日本の神道が目指す理念「共同体の秩序と安寧《あんねい》」は、共同体の概念を村から都市へ、国へ、そして世界へと広げていくことで、きっと世界の安定と平和に貢献できることでしょう。

アイデンティティーとしての神道を背景に、日本人一人ひとりが自信と自覚をもって外国と向き合っていくことが、そのような世界をつくる第一歩になるのではないでしょうか。

夏越《こし》大《おお》祓《はらい》式《しき》

第六章 ● 知ると楽しい神道トリビア

奥深い神道の世界ですが、本章ではより神道を理解していただけるトリビアをご紹介していきます。

Q　なぜ鬼は角が生えていて、虎のパンツを履いているのか？

神道とゆかりの深い行事の一つに、節分というものがあります。節分といえば「鬼」ですが、どんな姿をイメージしますか？　スーパーなどで見かける「鬼」は、たいてい頭に角が生えていて、トラの皮のパンツを履いています。よく考えるとかなり奇抜な姿なのですが、実はちょっとした理由があります。

古来、「鬼」は災いの象徴として恐れられてきました。災いがやってくるとされる方角を「鬼門」と呼ぶのもそのためです。陰陽道によると、「鬼門」は北東の方角とされていて、これを干支で表すと「丑（30度）」と「寅（60度）」のちょうど中間、「丑寅（45度）」ということになります。

ウシとトラ。もうおわかりですね。鬼の頭に生えているウシの角と、鬼が履くトラのパンツのイメージはここから来ているのです。

さて、実は鬼退治をする「節分」の慣習自体にもこの「丑寅」が大きく関係しています。旧暦の丑月は12月、寅月は1月で、その境目にあたるのが「丑寅」、つまり立春です。その前日を（冬の）節分といい、鬼が出入りする鬼門の日と言われています。そこで、豆まきをして、鬼を退治することで災いを払う風習が生まれました。

さて、こうした鬼退治以外にも、さまざまな方法を用いて鬼門を除けたり、封じたりすることも可能と考えられていました。

神田明神も、徳川家康が江戸幕府を開いたとき、いまの皇居である「江戸城」の鬼門除けのために江戸城から見て丑寅の方角である今の場所（東京・神田）に移りました。そして、それ以来、江戸総鎮守として、将軍から庶民まで守護する役目を担っています。

Q　神道では、なぜ人が神様になれるの？

古事記の神話にあるように、伊邪那岐命《いざなぎのみこと》と伊邪那美命《いざなみのみこと》の神様が結婚して、新たな神様が生まれ、その末裔が人間です。つまり、神様と私達は、「祖先と子孫」になります。「神様が人間を作った」のではなく、「神様が次々に人間を産んでいった」のです。

では、どのような人が神様と祀られるのか。それは、生前に大きな功績があったり、庶民の人気が高かったりしたにも関わらず、晩年に不遇のまま亡くなった人たちです。

そういった人たちを神様として祀って偲ぶと同時に、怒りや祟りを鎮めるという意味合いもありました。

たとえば、太宰府天満宮で祀られている学問の神様・菅原道真公、あるいは、平安時代中期に関東に独立国を立ち上げようとして庶民に人気の高かった平将門公は有名ですね。

将門公の首級《くびじるし》は平安京で晒《さら》されたのち、三日目にして空へと舞い上がり、故郷に向かって飛んだとされています。その落ちたという場所が「首塚」です。

その一つは今、東京の千代田区大手町の大きなビルの間にひっそりと佇んでいます。第二次世界大戦後にGHQが周辺の区画整理をしようとしたところ、不審な事故が相次いだため、首塚には手を付けずに残したというエピソードは有名です。

ちなみに、将門公は神田明神のご祭神でもあります。

江戸時代の画家・歌川芳虎が神田明神の名前の由来を描いた木版画には、将門公の首が石に噛み付いている姿があります。「将門の亡念、打来て、首が飛んで石をかりかり神田（かんだ）」とあり、洒落《しゃれ》がきいています。もともと、将門公は江戸っ子の精神である「強きをくじき、弱きを助く」人物として愛されてきました。公を祀った人々の心には、敗者への共感とともに、世直しの神としての期待があったようです。

Q 「祭り」は、どうして「まつり」っていうの？

私たち日本人が大好きなお祭り。実は、「祭り」の語源は、「待つ」から来ているという説があります。これは「神の訪れを待つ」ことを意味しています。

祭りとは、潜在的な神話の世界を一定の様式の中で再現する、非日常な社会劇。つまり、古代から連綿と受け継いできた神話的世界観を通して、喜びと安堵の実感を共有することができる儀礼なのです。

また、祭りで粋な文化を発信することもあります。

たとえば、神田明神が隔年で開催する神田祭。これは、京都の祇園祭、大坂の天神祭と並ぶ〝日本三大祭〟の一つで、代々徳川将軍の上覧を受け、幕府の権威を象徴したことから「天下祭」ともいわれました。

この神田祭では、人気作品のキャラクターをかたどった神輿が出たり、最新のテクノロジーを駆使した出し物が催されたりと、新たな進化を遂げています。長い歴史で培ってきた文化を、当世風に表現しているのです。祭りは、人々による創造とコミュニケーションの場であり、〝粋な文化〟の発信源でもあるのです。

Q 神様の乗り物であるお神輿は、なぜ祭りで乱暴に扱われるの？

お祭りといえば、欠かせないのがやはり「お神輿」。賑やかな音とともに、若い衆が担ぐお神輿が出ると、会場の空気が一瞬にして白熱しますね。

では、神輿とはそもそもどういうものなのでしょうか。

これは名前の通り、神様を乗せる乗り物のこと。神様を神輿に乗せて練り歩くのは、神様の威光を広く行き渡らせ、氏子の幸いを祈り、同時に災いを除いてもらうためなのです。が、ワッショイ、ワッショイと荒々しく担いだり、お祭りによっては神輿自体を地面にぶつけたりと、神様を乗せているにしてはちょっと扱いが乱暴に過ぎるように思われるかもしれません。

しかし、心配ご無用。実は、神輿を「練る」、あるいは「揉む」という言葉があり、激しく揺さぶることで神輿に乗った神様の威光をさらに高めるとされているのです。担ぎ手たちが神輿をダイナミックに揺らすのは、神様の力をさらにパワーアップさせるためなのです。

Q

神社の数は薬局やコンビニより多い？

最近は、どこに出かけても、薬局やコンビニエンスストアを目にします。とてもたくさんある印象ですが、上の表に有るように実は神社の数のほうが多いのです。

ちなみに数の多い神社ベスト5は下の表の通りです。

■神社と薬局・コンビニエンスストアの数

神　社	約80,000社
寺　院	約77,000寺
薬　局	約58,000店
コンビニエンスストア	約57,000店
ガソリンスタンド	約32,000店

■数の多い神社ベスト5

1位	八幡神社	約7800社
2位	伊勢神社	約4400社
3位	天満宮	約4000社
4位	稲荷神社	約3000社
5位	熊野神社	約2700社

八幡、伊勢、天満宮……よく聞く名前が並んでいます。各地に同じ名前の神社がある理由は、それぞれ、その神様の根源とされる神社が、「分霊《ぶんれい》」を行ったことによります。

「分霊《ぶんれい》」とは言葉の通り、神様を分けるという意味なのですが、物体を分割するというよりは火を分け与えるようなイメージに近く、ご神威をそのままに神様を分けることが可能だと考えられていました。そこで、人々の希望によって根源とされる神社が神様を分霊《ぶんれい》し、それぞれの土地へと勧請《かんじょう》するうちに全国へと広がっていきました。

Q 日本の神様のスーパースター、だいこく様ってどのような神様？

神田明神のご祭神の一人がだいこく様です。

しかし、この方は全体のイメージがなかなかつかみにくい神様です。

というのも、出雲大社の縁結びの神様でもあり、「因幡の白ウサギ」の逸話でウサギを助けた心優しい神様でもあり、七福神のだいこく様でもあり……と、さまざまな顔をお持ちです。

さらに「出雲神話」では、少彦名命《すくなひこなのみこと》とコンビを組んで、国土の修理や保護、農業技術の指導、温泉開発、病気治療、医薬の普及など、まさにスーパースターといってもよい数々の業績を残されています。

ちなみに、多くの別名もお持ちで、「大国主命《おおくにぬしのみこと》」、「顕国玉神《つしくにたまのかみ》」、「大物主神《おおものぬしのかみ》」など、日本書紀などで複数の名前が記されています。いくつもの名前を持つ神様は日本では珍しくありませんが、これほど多くお持ちの神様も珍しく、この謎めいた雰囲気こそ、だいこく様の魅力といえましょう。

Q　だいこく様と名コンビだった「少彦名命《すくなひこなのみこと》」はどのような神様？

「出雲神話」において、だいこく様とすぐれたコンビネーションを発揮した少彦名命《すくなひこなのみこと》。この方も、だいこく様、平将門公と並び、神田明神がお祀りする三柱のお一人です。別名は、えびす様。七福神のメンバーで、商売繁盛と医薬健康、海外の優れた技術を伝来させた方としても有名で、まさしく〝知恵の神〟。

特に、医薬の神、酒の神としての信仰が厚いのです。というのも、この神様は医療の知識が非常に優れていて、人々や家畜のために病気治療の方法を定めました。また、百薬の長といわれる通り、消毒力や肉体を興奮させて生命力を高めるとされた「酒」にも精通し、病気を治す薬として、酒造りの技術も広めたそうです。

病気の治療といえば、「温泉」を初めて医療に用いたとも。「伊予国風土記」では、病気になった少彦名神（少彦名命《すくなひこなのみこと》）が湯に浸かると、病状が回復して健康になったとされています。この時の湯が、現在の愛媛県松山市にある道後温泉。古来、温泉は「（海のはるか彼方にある）常世《とこよ》よりきたる水」と考えられ、その「常世」

は生命力の源泉でもありました。
常世から来た少彦名命《すくなひこなのみこと》は、〝温泉神〟でもあったわけです。

Q　隣り合っている神社とお寺があるのはなぜ？

神社とお寺は、崇拝対象から、奉仕をする人、建築、婚礼、葬祭に至るまで、さまざまな違いがあります。

最も大きな違いは、拝む対象が目に見えるかどうか。神社に神様の像があることはまれですが、寺院には必ず仏像があります。また、「世界観」も大きく異なり、仏教には輪廻転生や因果応報の思想があります。人は生と死を繰り返す存在であり、生前の行いの良し悪しによって生まれ変わる環境が決まるとされています。一方の神道には、こうした思想はなく、注目するのはあくまでも現世。自らが幸せに、より良く生きるための考え方を中心としています。

それにも関わらず、宗派の異なる二つの施設が隣り合っていたり、同居していたりするのはなぜでしょうか？

そもそも仏教が日本に伝来してきたのは538年頃。聖徳太子をはじめとする朝廷は、国の地盤固めのために仏教を日本に広めようとしましたが、正しい教えが理解されて広まる気配がありませんでした。そこで、取り入れたのが神道の要素です。祖先崇拝をもとに、祖霊を祀る場所として寺院を創設しました。

このように、お寺を建てた場所に神道の神様が同居したため、お寺であってもその神様をお祭りし、お坊さんが神社の神主を兼務していたりすることも珍しくありませんでした。

一方、神道も仏教のこうした動きに影響を受け、それまでなかった拝礼の施設として神宮寺を建設しはじめました。こうして、お互いの宗教が和合していくことを「神仏習合」と呼びます。

その時々の政権によって、一時的に神道が重んじられたり、仏教が重んじられたりとそれぞれ浮き沈みはあったものの、神道も仏教も擁護されてきました。現在も二つの宗教施設が隣り合っていたり、同居したりしているのはこのためなのです。

Q　神社のお参りは、1年に1回でいいの？

実は、お参りの回数に決まりはありません。よく神社に来られる方は、初詣はもちろん、たとえば、次のような時にも訪れています。

・神様にお祈りしたいとき
・鎮守の森で心の疲れを癒したいとき
・心のリフレッシュをしたいとき
・神様にご自身が決めたことを誓いたいとき
・願いが叶って神様にお礼を言いたいとき
・エネルギーを得たいとき

どんなときでも気軽にお参りしてよいようです。

Q お参りの作法はすべての神社で共通？

　伊勢神宮はじめ、ほとんどの神社では、二拝二拍手一拝（二礼二拍手一礼とも書きます）とされていますが、なかには出雲大社のように、二拝四拍手一拝という神社もあり、必ずしもすべての神社で統一というわけではありません。

　ここでは、神社の参道に入るところから、基本的な作法を述べておきます。

①神様の通り道

鳥居の前で一礼する

参道は真ん中ではなく端を歩く

鳥居から本殿へ続く道、参道は神様の通るところです。左右どちらか少しずれて端寄りを通りましょう。

手水舎《てみずしゃ》へ向かう時など神様の通り道を横切る時は、一礼して横断しましょう。

②手水をとる作法

（1）右手で柄杓《ひしゃく》を持ち、水を汲んで左手にかけ左手を清めます。

（2）次に柄杓を左手に持ち替えて、同じように右手を清めます。

（3）再び柄杓を右手に持ち、左の手のひらに水を受けて口に含み、口をゆすいで清め、そっと吐き出します。（ゆすぐだけで飲むわけではありません）

（4）もう一度水を左手に流し、清めます。

手水舎(てみずしゃ)で身を清める

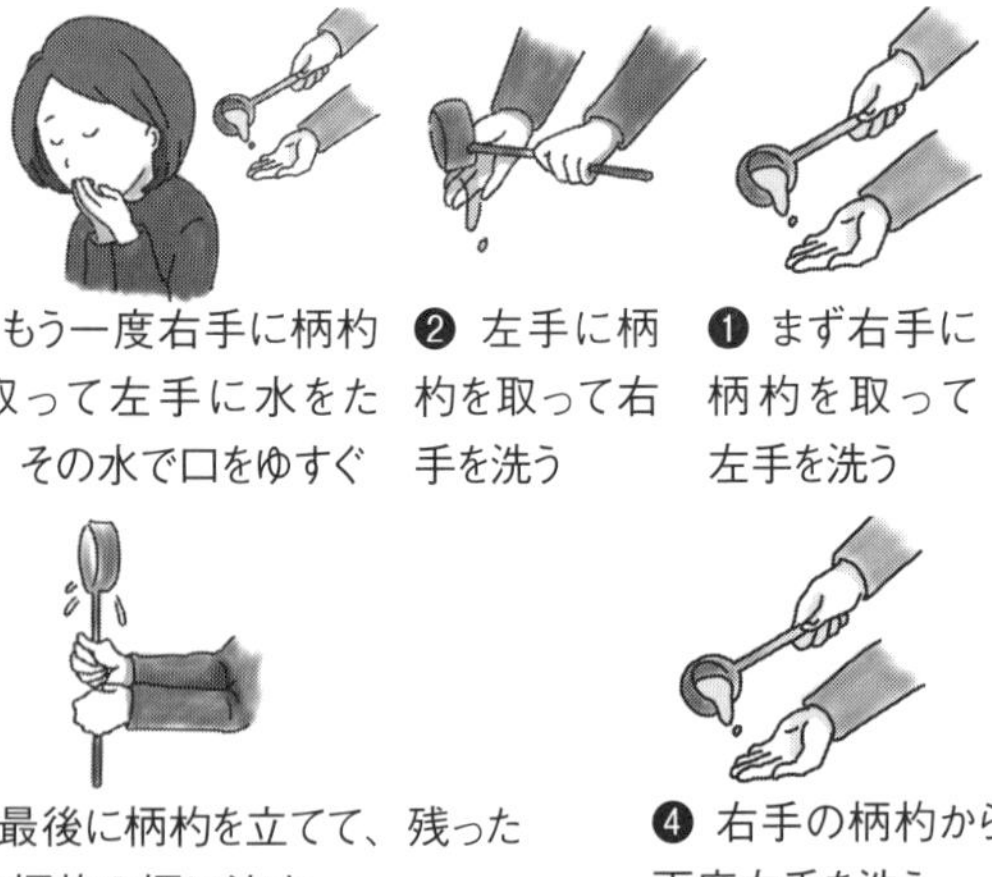

❶ まず右手に柄杓を取って左手を洗う

❷ 左手に柄杓を取って右手を洗う

❸ もう一度右手に柄杓を取って左手に水をため、その水で口をゆすぐ

❹ 右手の柄杓から再度左手を洗う

❺ 最後に柄杓を立てて、残った水を柄杓の柄に流す

（5）最後に水の入った柄杓を立て、柄に水を流して柄杓を清めてから伏せて置きます。

ここで、できれば水は最初に一度すくうのみとしてください。その水を少しずつ使いながら、最後の柄杓を清めるところまで進めます。

なお、手水は、お参りの前の「禊《みそぎ》」を簡略化したものだといわれています。

③二《に》拝《はい》二《に》拍手《はくしゅ》一拝《いっぱい》（二礼二拍手一礼）

（1）深いお辞儀（拝）を二回繰り返します。［二拝］

（2）次に両手を胸の高さで合わせ、右手を少しだけ下げ(この方がクリーンで大きな音が出ます)、次に肩幅程度に両手を開いて拍手を二回打ちます。［二拍手］

二拝二拍手一拝

❶ 鈴をならしたら二礼

❷ 二度拍手を打ち、心を込めて祈る

❸ 祈り終わったら一礼をする

（3）そのあとに両手をきちんと合わせながら心を込めて祈ります。

（4）両手をおろし、最後にもう一度深いお辞儀（拝）をします。［一拝］

帰りの作法

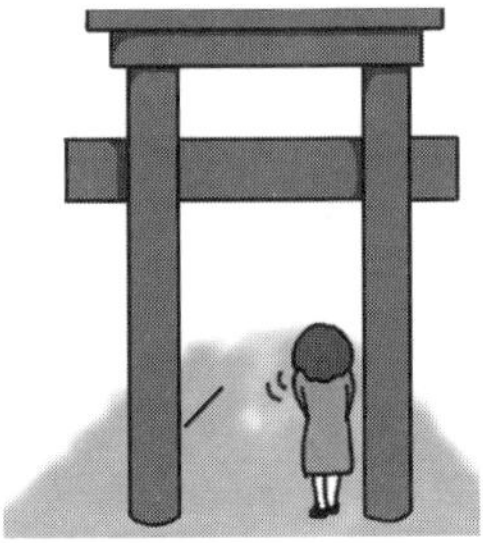

拝殿に向きなおり、一礼してから鳥居を出る

Q　お守りをいくつも持ったら、神様どうしでケンカする？

日本には八百万《やおよろず》の神々がいるとされていますので、人間と同じで、一緒にいると性格的に合わない、相性の悪い神様もおられるかも知れません。

ただ、気にする必要はないようです。縁あって授かったお守りは、どの神様もきっと元気づけてくれるはずです。

Q　12月に買ったお守りでも、初詣のときにお焚き上げしたほうがいいの？

新年には参拝と同時に、古いお守りを取り替える方が多いと思います。

ただ、お守りに期限はありませんので、1年間は持っていていただいて、その次の初詣でお焚き上げして頂いて構いません。

Q　神棚は部屋のどこに祀るべき？

神社までお参りに行けないときも、家の中などで日々参拝できる小さな神社、それが「神棚」です。昔は、家を建てる際に大工さんが作ってくれたものですが、最近はマンションなどにお住まいの方が多いのでご自身で設置される方も増えています。

祀る場所ですが、一般的には、神棚は目線より上の高さで、東か南に向けて、天井から吊るす形か壁につける形で設置するのが基本です。そして、その中には毎朝、①お米、②塩、③水、④お酒をお供えします。小さい神棚の場合は、①お米だけでも構いません。そして、手を合わせ、お祈りをします。

ほかに、季節の初物や来客のお土産などがあるときは、それらもお供えをして、お祈りした後に家族で食べます。

ただ、家の間取りによっては思い通りに置けない場合もあるでしょう。そのような時は、窓と反対の壁に付け、窓のある明るい方向に向けるだけで良いそうです。

そして、神棚をつけるスペースがない場合には、たんすや棚に神社でいただいたお札やお守りを置く形でも構いません。本棚でも神棚は作れますね。

あまり厳密に考えず、神様に気持ちよく過ごしていただくような形であれば問題はありません。ただし、いずれの場合も、気持ちを込めてお祈りするために、目線より上に置くことがポイントです。

Q 神職さんになるにはどうしたらいいの？

神職さんになるには資格が必要です。

資格取得には、國學院大學や皇學館大学といった神道系の大学で、定められた単位と実習を修めて卒業する、などの方法があります。現在、神職さんの数は2万人強で、そのうち約15％が女性といわれています。

ちなみに、神職さんの位階は神社によって異なることもありますが、大きな神社の例では、宮司、権宮司《ごんぐうじ》、禰宜《ねぎ》、権禰宜《ごんねぎ》、宮掌《くじょう》、出仕《しゅっし》と分けられています。

Q 巫女《みこ》さんになるには？

神社には「巫女《みこ》」と呼ばれる女性が神職さんの補佐役として活躍しています。

そもそも巫女とは、「神子《みこ》」の意。神様に日々奉仕をして、神様の心を伝えることができる女性とされていますが、基本的には特別な資格は必要ありません。

近年は、巫女《みこ》さんへの関心も高く、神田明神では「巫女《みこ》さん入門講座」が開催され、若い女性が実際に白衣袴姿になって、いろいろな作法や神道のことを勉強しています。

参加者には、有名大学の女子学生も多く、神道の理解を深め、さらに外国人と接する上で必要な「日本人としてのアイデンティティー」を学びたい、という思いがあるようです。

Q 神職さんが毎日唱えている言葉って？

仏教のお坊さんが仏前で唱えるお教があるように、神職さんも毎日、朝のお勤めの時などに唱える言葉があります。それが、「敬神生活《けいしんせいかつ》の綱領」です。

「敬神生活《けいしんせいかつ》の綱領」

神道は天地悠久《てんちゆうきゅう》の大道《たいどう》であって、崇高《すうこう》なる精神を培《つちか》ひ、太平《たいへい》を開くの基《もとい》である。

神慮《しんりょ》を畏《かしこ》み祖訓《そくん》をつぎ、いよいよ道《みち》の精華《せいか》を発揮し、人類の福祉を増進するは、使命を達成する所以《ゆえん》である。

ここにこの綱領をかかげて向ふところを明らかにし、実践につとめて以《もっ》て大道《たいどう》を宣揚《せんよう》することを期する。

一　神の恵みと祖先の恩とに感謝し、明《あか》き清きまことを以《もっ》て祭祀《さいし》にいそしむこと
一　世のため人のために奉仕し、神のみこともちとして世をつくり固め成すこと
一　大御心《おおみこころ》をいただきてむつび和《やわ》らぎ、国の隆昌《りゅうしょう》と世界の共存共栄とを祈ること

神職さんは、この「敬神生活《けいしんせいかつ》の綱領」の精神のもとに、日々勤めています。

第七章 ● 大祓詞《おおはらえのことば》と現代語訳

「大祓《おおはらえ》」とは平安時代から毎年6月30日と12月31日の夕刻に全国の神社で行われるお祓いの行事です。

この、大祓で唱えられる祝詞《のりと》が「大祓詞《おおはらえのことば》」になります。

大きく二段で構成されていて、前段は豊葦原水穂国《とよあしはらのみずほのくに》、つまり日本という国の成立した経緯が述べられ、後段では「祓」を行うことで罪《つみ》や穢《けがれ》がどのように消え去っていくかが述べられています。

「穢《けがれ》」の語源は生命力の衰えを指す「気枯れ」と言われていますので、その「気」は、生命のエネルギーや活力の源を表しています。

言霊《ことだま》には強い浄化のパワーがあると言われていますので、折に触れて、この大祓詞を音読または黙読していただき、穢れを祓い、「気」を再びよみがえらせて、日々、生命のエネルギーにあふれた活力ある生活を送ってください。

◆大祓詞（おおはらえのことば）

高天原《たかまのはら》に神留《かむづま》り坐《ま》す
皇親神漏岐《すめらがむつかむろぎ》 神漏美《かむろみ》の命以《みことも》ちて
八百萬神等《やほよろづのかみたち》を神集《かむつど》へに集《つど》へ賜《たま》ひ
神議《かむはか》りに議《はか》り賜《たま》ひて
我《あ》が皇御孫命《すめみまのみこと》は
豊葦原水穂國《とよあしはらのみづほのくに》を
安國《やすくに》と平《たひら》けく知《し》ろし食《め》せと
事依《ことよ》さし奉《まつ》りき
此《か》く依《よ》さし奉《まつ》りし國中《くぬち》に

荒《あら》振《ぶ》る神等《かみたち》をば
神問《かむと》はしに問《と》はし賜《たま》ひ
神掃《かむはら》ひに掃《はら》ひ賜《たま》ひて
語問《ことと》ひし　磐根《いはね》　樹根立《きねたち》　草《くさ》の片葉《かきは》をも語止《ことや》めて
天《あめ》の磐座放《いはくらはな》ち
天《あめ》の八重雲《やへぐも》を伊頭《いづ》の千別《ちわ》きに千別《ちわ》きて
天降《あまくだ》し依《よ》さし奉《まつ》りき
此《か》く依《よ》さし奉《まつ》りし四方《よも》の國中《くになか》と
大倭日高見國《おほやまとひだかみのくに》を安國《やすくに》と定《さだ》め奉《まつ》りて
下《した》つ磐根《いはね》に宮柱太敷《みやばしらふとし》き立《た》て
高天原《たかまのはら》に千木高知《ちぎたかし》りて

皇御孫命《すめみまのみこと》の瑞《みづ》の御《み》殿《あらか》仕《つか》へ奉《まつ》りて
天《あま》の御蔭《みかげ》　日《ひ》の御蔭《みかげ》と隠《かく》り坐《ま》して
安國《やすくに》と平《たひら》けく知《し》ろし食《め》さむ國中《くぬち》に
成《な》り出《い》でむ天《あめ》の益人等《ますひとら》が
過《あやま》ち犯《をか》しけむ種種《くさぐさ》の罪事《つみごと》は
天《あま》つ罪《つみ》　國《くに》つ罪《つみ》　許許太久《ここだく》の罪《つみ》出《い》でむ
此《か》く出《い》でば　天《あま》つ宮事《みやごと》以《も》ちて
天《あま》つ金木《かなぎ》を本《もと》打《う》ち切《き》り　末《すゑ》打《う》ち断《た》ちて
千座《ちくら》の置座《おきくら》に置《お》き足《た》らはして
天《あま》つ菅麻《すがそ》を本《もと》刈《か》り断《た》ち　末《すゑ》刈《か》り切《き》りて
八針《やはり》に取《と》り辟《さ》きて

天《あま》つ祝詞《のりと》の太祝詞事《ふとのりとごと》を宣《の》れ
此《か》く宣《の》らば
天《あま》つ神《かみ》は　天《あめ》の磐門《いはと》を押《お》し披《ひら》きて
天《あめ》の八重雲《やへぐも》を伊頭《いづ》の千別《ちわ》きに千別《ちわ》きて
聞《き》こし食《め》さむ
國《くに》つ神《かみ》は高山《たかやま》の末《すゑ》　短山《ひきやま》の末《すゑ》に上《のぼ》り坐《ま》して
高山《たかやま》の伊褒理《いぼり》
短山《ひきやま》の伊褒理《いぼり》を掻《か》き別《わ》けて聞《き》こし食《め》さむ
此《か》く聞《き》こし食《め》してば
罪《つみ》と云《い》ふ罪《つみ》は在《あ》らじと
科戸《しなど》の風《かぜ》の天《あめ》の八重雲《やへぐも》を吹《ふ》き放《はな》つ事《こと》の如《ごと》く

朝《あした》の御霧《みぎり》　夕《ゆふべ》の御霧《みぎり》を
朝風《あさかぜ》　夕風《ゆふかぜ》の吹《ふ》き拂《はら》ふ事《こと》の如《ごと》く
大津邊《おおつべ》に居《を》る大船《おほふね》を
舳《へ》解《と》き放《はな》ち
艫《とも》解《と》き放《はな》ちて
大海原《おほうなばら》に押《お》し放《はな》つ事《こと》の如《ごと》く
彼方《をちかた》の繁木《しげき》が本《もと》を
焼鎌《やきがま》の敏鎌《とがま》以《も》ちて
打《う》ち掃《はら》ふ事《こと》の如《ごと》く
遺《のこ》る罪《つみ》は在《あ》らじと
祓《はら》へ給《たま》ひ清《きよ》め給《たま》ふ事《こと》を

高山《たかやま》の末《すゑ》　短山《ひきやま》の末《すゑ》より
佐久那太理《さくなだり》に落《お》ち多岐《たぎ》つ
速川《はやかは》の瀬《せ》に坐《ま》す瀬織津比賣《せおりつひめ》と云《い》ふ神《かみ》
大海原《おほうなばら》に持《も》ち出《い》でなむ
此《か》く持《も》ち出《い》で往《い》なば
荒潮《あらしほ》の潮《しほ》の八百道《やほぢ》の八潮道《やしほぢ》の潮《しほ》の八百會《やほあひ》に坐《ま》す
速開都比賣《はやあきつひめ》と云《い》ふ神《かみ》
持《も》ち加加呑《かかの》みてむ
此《か》く加加呑《かかの》みてば
氣吹戸《いぶきど》に坐《ま》す氣吹戸主《いぶきどぬし》と云《い》ふ神《かみ》
根國《ねのくに》　底國《そこのくに》に氣吹《いぶ》き放《はな》ちてむ

此《か》く氣吹《いぶ》き放《はな》ちてば
根國《ねのくに》　底國《そこのくに》に坐《ま》す速佐須良比賣《はやさすらひめ》と云《い》ふ神《かみ》
持《も》ち佐須良《さすら》ひ失《うしな》ひてむ
此《か》く佐須良《さすら》ひ失《うしな》ひてば
罪《つみ》と云《い》ふ罪《つみ》は在《あ》らじと
祓《はら》へ給《たま》ひ清《きよ》め給《たま》ふ事を
天《あま》つ神《かみ》　國《くに》つ神《かみ》
八百萬神等《やほよろづのかみたち》共《とも》に　聞《き》こし食《め》せと白《まを》す

大祓詞《おおはらえのことば》　現代語（清水権宮司訳）

天にいらっしゃる皇室の祖先で、仲のよい男の神様と女の神様の教えで、大勢の神様を集めて相談したところ、日本を平和な国として神様の子孫（天皇）が統治すべきであると決定しました。そして国の中で乱暴する神様には理由を聞いてから追い払うと、それまで騒々しくしゃべっていた岩や木の根や草の葉っぱまでが黙って、皇室の祖先の神様が天から雲を払いながら下りてきました。

こうして日本を平和な国と定めて、立派な宮殿の柱を建て、千木という屋根飾りを付けて神様の御殿とされました。しかし天地が平和な国でも、人々が過ちを犯していろいろな罪が出てきました。こうした罪があるならば天の教えによって、堅い木を切って台に置いて、清らかな麻を細かく針で切り裂いてお祭りをして、立派に祝詞を読み上げなさい。

そうすれば天の神様は、扉を開けて、雲を押し分けて、祝詞を聞いてくれます。地上の神様は、高い山や低い山の頂上から、雲をかき分けて聞いてくれます。

このようにして神様が祝詞を聞いて下されば、すべての罪は無くなって、風が雲を吹き飛ばすように、朝夕の霧を風が吹き飛ばすように、港に泊まっている大きな船の舳先の綱を放って海に流すように。またあちこちの茂った木を鋭い鎌で切り払うように、すべての罪がないように祓い清めます。

すると高い山や低い山の頂上から流れ落ちる早い川にいる瀬織津比賣《せおりつひめ》という神様が、罪を海に運んで下さり、さらに海の荒潮の沖にいる速開都比賣《はやあきつひめ》という神様が、ガブガブと罪を飲んで下さり、こんどは潮の息吹きする処にいる氣吹戸主《いぶきどぬし》という神様が、地の底や海の底の国へと罪を吹き飛ばし、最後に速佐須良比賣《はやさすらひめ》という神様が、罪を棄て流して下さいます。このように棄てて流してしまえば、すべての罪はもうありません。こうして祓い清めることを天の神様、地上の神様、すべての神様に聞いて下さるように申し上げます。

あとがき

かなり前ですが、インテリなアメリカ人に、「やはり日本人は理解しにくい。日本人のフィロソフィーは何だ?」と聞かれて、とっさに「ハーモニーだ」と答えたら、相手がしばしば絶句したあと、ずいぶんと共感を得て、急に親しくなったことがありました。

本書は、日常で必要となる実用的な知識というわけではないと思いますが、家庭や会社に置いていただいて、海外の方々と接する前に都度読み返していただくと、日本人としての自信と自覚をもって深い交流ができるのではないか、と思います。

また、本書の第六章には、神道に関連したトリビアを追記しておきました。

例えば、「なぜ鬼は角が生えていて、虎のパンツを履いているのか?」。

誰でも知っている鬼のイメージですが、この理由を知らない人も多いのではないでしょうか?

それ以外でも「神道では、なぜ人が神様になれるの？」や、基本的な参拝作法、神棚のない家でのお札やお守りの祀り方、など、意外と知られてない素朴な疑問に触れさせていただきました。

本書のテーマである「神道を通して知る日本人の本質」に加えて、このようなトリビアを通しても日本をより理解していただけるのではないか、と思います。

海外に出向かなくても、インバウンドで外国人と接する機会の増えた現在、多くの人にとって、あらためて神道を通して日本を考えてみるきっかけになれば幸いです。

本書執筆あたって、清水権宮司には日本3大祭りの一つであり都心に多数の神輿が出現する神田祭の準備できわめてお忙しい時に、その合間を縫って様々な奥深い知見をいただきました。

また、出版にあたっては、ブームブックス（株）ブームプランニング）代表 中村泰子氏、三和書籍 代表 高橋考氏、出版プロデューサー 藤井優氏には様々なアドバイスをいただき、編集者の矢口絢葉氏には文献調査を含めて精力的に尽力いただきました。(有) ねころのーむ代表 高久真澄氏、(株) アイト 谷口高広氏にはユニバーサルデザインで本書を丁寧に仕上げていただきました。

本書執筆のきっかけとなった夢叶参拝では、「ご縁を深めて人間関係を改善する」という視点で講師をしていただいている (株) SORA代表 角本紗緒理氏、メディアにも頻繁に登場されている (株) 結婚しましょ! 代表 丸山和子氏、中国で高級評茶員の資格をもつ (有) オーククリーク 代表 藤後佳緒理氏の方々にも、日ごろからご協力いただいています。

この場をお借りして、厚く御礼申し上げます。

小倉 実

●本書についてご意見、ご感想がありましたら、下記まで頂けましたら幸いです。

150-0011 東京都渋谷区東 3-24-9-700
デザートカンパニー株式会社内
夢叶参拝実行委員会
mail： info@yumekanae.jp
tel:03-6427-7044 fax:03-6427-7045

●夢叶参拝に関する詳細は下記をご覧ください。

神田明神 ホームページ 文化事業欄
　http://www.kandamyoujin.or.jp/
夢叶参拝申し込みページ
　http://www.yumekanae.jp/

参考文献

・『創業三〇〇年の長寿企業はなぜ栄え続けるのか』
(グロービス経営大学院／著、東洋経済新報社)
・『日本人とユダヤ人』
(イザヤ・ベンダサン／著、角川書店)
・『百年以上続いている会社はどこが違うのか?』
(田中真澄／著、致知出版社)
・『行きたくなる会社のつくり方』
(武田斉紀／著、Nanaブックス)
・『縄文の地霊―死と再生の時空』
(西宮紘／著、工作舎)
・『日本美の再発見』
(ブルーノ・タウト／著、篠田英雄／訳、岩波書店)
・『なぜ儲かる会社には神棚があるのか』
(窪寺伸浩／著、あさ出版)
・『プロテスタンティズムの倫理と資本主義の精神』
(マックス・ヴェーバー／著、大塚久雄／訳、岩波書店)
・『文明の衝突』
(サミュエル・ハンチントン／著、鈴木主税／訳、集英社)
・『菊とポケモン グローバル化する日本の文化力』
(アン・アリスン／著、実川元子／訳、新潮社)
・『日本よ、森の環境国家たれ』
(安田喜憲／著、中央公論新社)

【著者紹介】
小倉 実
夢叶参拝実行委員長
デザートカンパニー株式会社 代表取締役

2010年より東京・神田明神と「夢叶(ゆめかなえ)参拝」という催しを定期的に開催している。そのなかで清水権宮司にお話しいただいている講話を聴いて、このような日本人のアイデンティティーを形成する内容を体系だって学んだことがないことに気づき、それをきっかけに、本書にあるような日本人としての基礎的な知識・知見を広く知っていただき、外国との交流の中で役立てていただければ、という想いで執筆した。

会社の業務はスイーツの企画・開発・販売・卸・OEMなど。夢叶参拝のなかでは、夢叶参拝に因んで開発させていただいた夢叶ケーキを参加者の皆様に召し上がっていただいている。

デザートカンパニー株式会社
150-0011 東京都 渋谷区 東 3−24−9 サンワード恵比寿 700
TEL. 03-6427-7044 FAX. 03-6427-7045
info@dessert-c.com http://www.dessert-c.com

監 修：神田明神
編集協力・デザイン：有限会社ねころのーむ（高久真澄・岩間南帆）

日本人入門
海外と向き合うビジネスパーソンに向けて

2017年11月6日 第1版・第1刷発行

著 者 小倉 実
発行所 ブームブックス（株式会社ブームプランニング）
〒150-0011 東京都 渋谷区 東 3−16−9 6F
Tel:03-6418-4477
info@boom.co.jp
http://www.boom.co.jp

発売元 三和書籍
〒112-0013 東京都 文京区 音羽 2−2−2
Tel:03-5395-4630 FAX. 03-5395-4632
http://sanwa-co.com

印 刷 株式会社アイト

 ISBN978-4-86251-309-0 C2036